Ma mère

DU MÊME AUTEUR

Chez Odile Jacob
(tous ces titres sont disponibles en version numérique)

De l'inceste (avec Françoise Héritier et Boris Cyrulnik), « Opus », 1994.
Le Couple et l'Enfant, 1995.
Les Filles et leurs Mères, 1998.
Questions d'enfants (avec Brigitte Thévenot), 1999.
Réponses de pédiatre, 2000.
Parier sur l'enfant, « Poches Odile Jacob », 2001.
Les Pères et les Mères, 2004.
Les mères juives n'existent pas... mais alors, qu'est-ce qui existe ? (avec Sylvie Angel et Philippe Gutton), 2005.
Adultères, 2006.
Éduquer ses enfants. L'urgence aujourd'hui, 2008.
L'enfant bien portant. Les fondamentaux, 2010.
Les belles-mères, les beaux-pères, leurs brus et leurs gendres, 2011.
Prendre la vie à pleines mains, 2013.
Les Couples et leur Argent, 2015.
Trois grandes questions autour de la famille, 2017.
Entendre l'enfant, 2017.
Des bouts d'existence, 2019.

Aux éditions du Seuil

L'enfant porté, 1982.
Une place pour le père, 1985.
Parier sur l'enfant, 1988.
L'enfant bien portant, 1993 ; rééditions 1997, 1999 et 2004.

Aldo Naouri est le coauteur de l'émission de télévision en six épisodes *Questions d'enfants*, qui a été diffusée en *prime time* sur France 3 le samedi soir, six semaines de suite, en octobre 1999, ainsi que sur de nombreuses autres chaînes.

www.aldonaouri.com

Aldo Naouri

Ma mère

Mon analyse et la sienne

Odile Jacob

15, rue Soufflot, 75005 Paris

www.odilejacob.fr

ISBN : 978-2-7381-5563-4

Pour et à Jeanne, mon épouse,
in memoriam.

I. Hésitation

Le rêve de ce petit matin-là était opaque, particulièrement opaque. Non pas que ses images se fussent évaporées ou qu'elles eussent été effilochées. Elles étaient nettes et précises. Autant que l'étaient mon vécu, mes perceptions, mes réflexions et même les propos que j'avais entendus. Formellement parlant tout cela était parfaitement clair et même admirablement ordonné. Pourtant, l'ensemble était opaque. Et ça m'embêtait beaucoup. Car, entraîné depuis déjà presque sept ans à leur exploitation, j'avais une expérience respectable des rêves et de leur abord. Qu'ils eussent été les gardiens de mon sommeil ou qu'ils eussent constitué l'abord sinon l'accomplissement d'un de mes désirs, ils étaient toujours, et je l'avais vérifié, la voie royale vers l'inconscient.

Si la dynamique de ma cure bénéficiait à ce point de ma sensibilité à leur endroit et de l'excellente mémoire que j'en avais, c'est parce que les rêves entraient dans le cadre de ma culture d'origine. Dans ma famille, on racontait ses rêves. Il était fréquent qu'au petit déjeuner l'un ou l'autre d'entre nous dise tout naturellement : « J'ai fait un drôle de rêve, ou un rêve étrange, cette nuit », avant de marquer un silence dans l'attente que les uns ou les autres l'autorisent à poursuivre en prononçant le rituel et propitiatoire *kheir ou chalom*, bienfait et salut, dans notre idiome qui mêlait allègrement l'arabe et l'hébreu. Si, pour une quelconque raison, le manque de temps ou l'indisponibilité des auditeurs, la formule ne venait pas, le rêveur se taisait – ce qui arrivait fréquemment à mes pauvres sœurs moins considérées en tout point que mes frères et surtout ma mère. Mais, si elle était prononcée, il racontait son rêve. Les présents se lançaient alors dans des interprétations dont la règle consistait à faire du rêve, quels qu'en aient été les termes, un augure nécessairement bon. Nous ne faisions que partager la passion que notre environnement sinon notre espèce a toujours marquée pour les rêves. Leurs survenues et leurs interprétations occupent une grande place dans nombre de cultures et d'épopées. Chez nous qui étions imbibés du texte de la Torah, elles devaient provenir des rêves dont on sait l'importance dans le destin de Joseph ou dans celui de Daniel. Le Talmud insiste sur leur caractère prédictif, les considérant comme des lettres à ouvrir et à déchiffrer. Il rapporte à ce propos le témoignage d'un homme qui avait poussé le scrupule jusqu'à consulter pour un de ses rêves les vingt et un oniromanciens de Jérusalem. Tout en relevant que les vingt et une interprétations qu'il en avait recueillies étaient toutes différentes, il n'en concédait pas moins qu'elles étaient toutes justes.

Les rêves pour ma mère, comme cela l'était dans la tradition antique, se devaient donc d'avoir ce caractère prédictif. Et si la prédiction se devait d'être favorable, c'était sans doute pour atténuer l'angoisse dans laquelle le rêve, avec son caractère étrange et toujours frappant, devait jeter le rêveur. Quitte à manier ou à déformer le matériel, elle excellait toujours à trouver d'excellents augures qu'elle traduisait alors en des formules dont elle seule avait le secret. Au point qu'elle était considérée comme une excellente oniromancienne et qu'elle était consultée par tout le voisinage. Avez-vous rêvé d'un mort ? C'est qu'il prie pour vous et qu'il vient vous avertir que sa prière va être exaucée. D'un ennemi ? C'est qu'il se repent et qu'il va venir rechercher votre amitié. Vous êtes-vous rêvé menacé et poursuivi ? C'est de fait que vous allez crouler sous les avantages et les bénéfices. Quand le rêve révélait un bon augure, on s'en félicitait. Quand son texte était plus sombre, on en inversait la teneur. Comme si l'important était toujours d'avoir systématiquement des lendemains chantants.

Tout cela n'empêchait pas ma mère d'aller se rassurer auprès de la vieille madame Montabry, une voisine espagnole qui s'aidait de cartes pour affiner son déchiffrement, ou de Mokrane, un cheikh arabe dans la banlieue du bled, qui, lui, usait de cailloux, de plumes de pigeon et de dés. Combien de fois n'ai-je pas tenté de dénoncer sa démarche en lui démontrant, citations à l'appui, qu'elle était de l'ordre d'une superstition condamnée par la Torah ! Elle restait sourde à mes propos même si je les lui faisais confirmer par Dany, le deuxième de mes frères, réputé pour sa culture religieuse. Sans doute considérait-elle que je ne pouvais pas imaginer le poids de sa situation. Veuve ! Le veuvage est la pire épreuve qui puisse se vivre. Perdre son partenaire, c'est perdre quatre-vingt-dix pour cent de ce soi qui avait été déposé en lui et les quatre-vingt-dix pour cent qu'il avait déposés en contrepartie dans ce même soi. C'est n'avoir plus que ce misérable reste de dix pour cent condamnant à la survie. Quand cette survie est assortie par surcroît de la charge d'une famille nombreuse dans des conditions d'extrême précarité, il est impossible de ne pas s'inquiéter de l'avenir et de négliger ces messages oniriques prétendus le prévoir.

J'ai eu un soir, vers la fin de sa vie, à écouter ma mère évoquer avec des sanglots l'énorme culpabilité qu'elle continuait de ressentir de la seule fois, oui de la seule fois, où elle n'a pas eu la présence d'esprit de donner au rêve qui lui était rapporté l'interprétation favorable qu'il aurait dû recevoir. « Ton père, malade, m'a réveillée cette nuit-là pour me raconter le rêve qu'il venait de faire : devant la porte de sa chambre il y avait un cercueil ouvert et une voix lui intimait l'ordre de s'y coucher parce que c'était sa place. Et moi, pleine de sommeil et alourdie par mon gros ventre – j'étais enceinte de toi –, au lieu de lui dire au moins "*kheir ou chalom*", puis d'insister sur le fait qu'il s'agissait de l'annonce de sa très proche guérison, je l'ai jeté du lit en criant "Bramino, ton père m'embête, laisse-lui ton lit et viens prendre sa place". » Les sanglots ont redoublé avant qu'elle ajoute : « Il est mort deux jours après. »

On n'oublie pas une narration comme celle-là dans laquelle on voit se nouer cruellement les fils de plusieurs existences. Mon père, Youssif, « est mort deux jours après », à l'âge de trente-six ans. Je suis venu au monde deux mois après son décès. Bramino, diminutif de Abraham, c'était mon frère aîné, allait sur ses dix-sept ans. Après lui venait Dany, diminutif de Yehouda, qui avait douze ans. Puis dans l'ordre, Ghita qui avait dix ans, Chaoul huit ans, Viola quatre ans et Yolanda deux ans. Ma mère, Bouba, n'avait que trente-quatre ans et j'ai longtemps tenté d'imaginer, pour expliquer sa propension à toujours se sentir victime d'un sort contraire, l'état dans lequel elle avait dû être, bourrelée de culpabilité et écrasée par sa charge et la misère. Il m'est souvent arrivé de penser à mes grands frères, surtout l'aîné, qui devaient être accablés eux aussi par leur responsabilité. Nous vivions alors à Benghazi, en Libye, d'où nous avons été chassés vers l'Algérie, en juin 1942, en raison de notre nationalité française. Notre sort, en Algérie, a mis longtemps, très longtemps à s'améliorer.

C'est ce fond de vécu, centré sur l'importance que ma mère a toujours marquée à l'endroit des mots et des rêves, qui m'a permis de comprendre la facilité avec laquelle, dans notre relation riche, complexe mais faite d'estime réciproque, elle a admirablement saisi l'intérêt de la démarche psychanalytique que je lui ai dit un jour avoir entreprise.

Alors que, lui ayant décrit le cadre et la discipline de la cure, je n'avais pas de mots dans notre langue commune pour désigner la spécialité du praticien que je consultais, elle, l'analphabète, vint à mon secours en le désignant comme *tbib ettasnit*, médecin de l'écoute. Je la sentais éprouver, bavarde comme elle l'était, la nostalgie de n'en avoir pas rencontré un ! Il n'aurait pas pu ne pas compatir à son sort et il aurait certainement prêté plus d'attention que nous ne le faisions à l'évocation de son expérience et à ces souvenirs qu'elle ne se faisait pas faute d'égrener à la moindre occasion. Il aurait été la *Oumi Taïna* idéale dont elle nous parlait si souvent ! Cette « petite mère la boue » qu'une femme comme elle, n'ayant personne à qui parler, s'était construite en secret et avait placée dans une petite niche. Quand l'envie la prenait, elle allait lui raconter ses misères comme ses petites joies. Dans la narration de son conte, notre mère marquait un temps et nous retenions notre souffle avant qu'elle ne poursuivît : « Un jour, alors qu'elle déjeunait avec son époux, sa nourriture se mua en un tas de vers grouillants. Se précipitant vers la niche pour rapporter l'événement à *Oumi Taïna*, elle n'y trouva qu'un tas de vers grouillants. C'est le danger que court celui qui reçoit une parole sans pouvoir la rapporter à un ailleurs, commentait-elle en conclusion. Il y a tant de choses qui me viennent dans la tête que je n'ai pas d'autre choix, moi aussi, que de les proférer à voix haute. »

Nous l'écoutions bien sûr et nous avions fini par la vivre, non sans attendrissement, comme une radoteuse. Sans prendre acte que, entretenant avec une angoisse quasi palpable la conscience de son identité, en pratiquant sans le savoir la libre association, elle ne pensait le plus souvent qu'à nous enseigner au motif, comme elle le disait en d'autres termes, que « plus vieux que toi d'une nuit, plus riche que toi d'une malice ».

Réserve

Son approbation et son enthousiasme pour ma démarche s'atténuèrent cependant quand je lui eus dit que je devais aussi raconter mes rêves et tenter d'en saisir la signification. Elle m'a engagé à cet égard à la plus grande prudence, avançant qu'il ne fallait jamais raconter ses rêves à une ou à des personnes dont on n'était pas sûr de l'amour. Et pour appuyer son dire, elle se proposa de me raconter une des innombrables histoires qu'elle avait toujours en réserve.

C'était l'histoire d'un prince qui, arrivant en retard au petit déjeuner qu'il devait prendre avec le roi son père, s'excusa en disant qu'il n'avait pas pu s'arracher au rêve qu'il faisait. Le père lui demanda alors de le lui raconter. Il refusa. Sans s'expliquer. Son père prit ombrage de ce refus et entreprit par toutes sortes de mesures coercitives de l'amener à céder, jusqu'à finir par le vendre à un marchand d'esclaves – je passe comme je passerai sur la quantité et la férocité des épreuves subies, et détaillées comme toujours dans les contes orientaux, par le malheureux garçon. Les épreuves se poursuivirent avec le premier marchand d'esclaves puis avec les crapules de plus en plus de bas étage auquel il fut vendu et qui, tous, voulaient se faire raconter le rêve. Jusqu'à ce qu'un jour, alors qu'il était assigné à une tâche des plus dégradantes, il eût vent d'un grave danger que courait la ville où il était et pour lequel le roi avait promis la main de ses deux filles à qui y apporterait une solution. Il y apporta la solution et eut les deux princesses pour épouses. Au lendemain d'une magnifique nuit de noces, alors que, allongé sur le lit, il avait les deux princesses dans les bras et qu'elles lui demandaient qui il était, il leur raconta en détail son aventure. Ce qui les amena à lui demander le contenu de ce rêve qui l'avait conduit là. Il leur répondit qu'il avait rêvé de se réveiller un matin avec une épouse sur chacun de ses deux bras.

La réserve de ma mère m'a d'autant plus touché qu'elle m'a renvoyé au souvenir du rêve qui a présidé à ma conception et qu'elle m'avait raconté quand j'étais enfant.

J'avais neuf ans, j'étais en CM1 et j'étais malade. J'étais triste parce que j'aurais voulu ne pas rater la composition de calcul qui avait lieu ce jour-là. J'ai demandé à ma mère pourquoi j'étais toujours malade, ce qui était le cas et me valait de devoir avoir trois pulls sous ma chemise, deux par-dessus et surtout de porter des pantalons alors que mes camarades portaient des culottes courtes. Elle m'a répondu que c'est parce que j'étais issu d'un *'arq mrid*, d'une racine malade, encore que le mot *'arq* veuille dire aussi bien « veine » que « nerf ». Et comme je lui ai dit ne pas comprendre, elle a poursuivi en me disant : « À cette époque, ton père était très malade – j'ai mis des années à savoir qu'il était diabétique. Or il m'a réveillée en pleine nuit sous le coup de l'émotion dans laquelle l'avait mis le rêve qu'il venait de faire. L'ange Gabriel est descendu du ciel, lui a posé la main sur la tête et lui a dit : "Je te bénis, Youssif, de toi va naître *'arf jdid*, un rameau nouveau", encore que le mot *'arf* veuille dire aussi “savoir”. Et c'est là qu'on t'a fait. Quand j'ai su que j'étais enceinte et que je le lui ai dit, il s'est mis à me caresser souvent le ventre en me disant être sûr que je portais un garçon. Je lui ai rétorqué que la voie des garçons était peut-être fermée puisque je venais d'avoir tes deux sœurs l'une après l'autre. Il a balayé mon propos en me déclarant : “Garçon ou fille, ou même morceau de chair informe, je le chérirai par-dessus tout parce qu'il m'a rendu ma dignité d'homme.” » Elle s'est tue et elle ne s'est lancée dans aucune interprétation. Une interprétation est-elle d'ailleurs nécessaire quand le rêve lui-même se déploie dans l'excellence de l'augure ? Depuis ce jour-là, je n'ai plus jamais été malade.

C'est néanmoins le conte oriental qui m'a le plus retenu. Car si j'y avais relevé le caractère prédictif du rêve qu'il laissait entendre, il m'a ramené aux atermoiements que j'ai longtemps marqués avant d'entreprendre ma psychanalyse.

Avant Jean L., un ami psychanalyste à qui j'adressais parfois des patients, c'est Ginette R., la psychanalyste qui dirigeait le groupe Balint dans lequel j'avais travaillé pendant cinq ans, qui a été la première à me conseiller d'en entreprendre une. Devant son amicale insistance, j'ai réagi en lui faisant valoir que je n'en éprouvais pas le moindre besoin. Je me sentais très bien dans ma peau et tout allait on ne peut mieux pour moi. J'étais en pleine forme. Mon couple allait très bien. Nous habitions un bel appartement acheté avec les indemnités que nous avaient versées des compagnies d'assurances pour un accident dont nous avions été victimes des années auparavant. Nous avions trois magnifiques enfants. Nos relations avec nos familles respectives étaient bonnes. Nous avions une vie sociale satisfaisante. Nous n'avions aucun problème d'argent. Ma clientèle était pléthorique et j'avais l'estime de mes confrères. Ma curiosité était restée intacte. Je rédigeais de temps à autre un article pour les revues professionnelles qui me le demandaient. J'étais même démarché par des éditeurs qui m'engageaient à écrire. Je prenais un grand plaisir à parfaire ma formation et je m'adonnais à la recherche en ayant intégré une équipe de psycholinguistique du CNRS. Mon bonheur en était presque insolent. On pouvait le dénoncer en le considérant, non sans mépris à l'époque, de bourgeois et de bassement matériel. Je ne l'en assumais pas moins sans verser pour autant dans la moindre ostentation. À l'aune de mon parcours de vie et de celui de ma famille, je n'ai par exemple jamais applaudi aux événements de Mai 68. Je les ai vite considérés comme le symptôme d'une société de riches frileux et pusillanimes ne sachant pas comment réagir face aux caprices d'enfants qu'ils avaient gâtés et qui étaient devenus ivres de l'illusoire toute-puissance infantile dans laquelle ils avaient été tenus. Un symptôme annonciateur au demeurant du malaise que connaît aujourd'hui notre société. Je n'avais donc pas le moindre motif de plainte et je n'éprouvais pas la moindre souffrance. Qu'aurais-je pu aller soigner en entreprenant une cure – le mot dit bien ce qu'il en est – psychanalytique ?

Les incitations n'ont cependant pas faibli au fil des semaines et des mois, sans jamais être pour autant étayées par un quelconque argumentaire qui eût pu les justifier et me convaincre. Je ne cessais pas, en revanche, de rappeler le mien que j'avais fini par assortir d'un élément que je pensais décisif. Même si j'entreprenais une démarche, avançais-je, elle serait vouée à l'échec pour une raison inhérente à sa nature même : la psychanalyse n'invite-t-elle pas à remonter à l'enfance, à ce qui s'y est déroulé et aux discours qui s'y sont tenus ? S'il en est ainsi et pas autrement, où pourrais-je trouver un praticien susceptible d'entendre, à défaut de la comprendre, ma langue maternelle ? L'argument sembla porter puisque les incitations s'espacèrent. À moins que leurs auteurs n'eussent jugé que cet ultime renforcement de mes résistances devait leur faire renoncer au mode incitatif sinon prescriptif.

Des semaines passèrent jusqu'au jour où, déjeunant avec Jean L., j'ai trouvé de l'intérêt à ce qu'il me racontait de sa séance du matin même. Je lui ai demandé l'adresse de son analyste, que, par curiosité, je suis allé voir dans la foulée. Je fus très déçu. Je ne comprenais pas comment ce petit bonhomme maniéré et insignifiant pouvait être à ce point investi. J'ai fait état de mon sentiment auprès de mes interlocuteurs. Ils m'engagèrent alors à aller voir Lacan. Et comme j'ai véhémentement exclu cette perspective, ils me donnèrent quelques-uns des grands noms de son école. Protestant de ma bonne volonté, j'en ai rencontré cinq en quelques semaines. Avec toujours le même dépit.

Les incitations cessèrent. Et des semaines s'écoulèrent sans que rien de tout cela ne vînt à me préoccuper. Je devais sans doute être, métaphoriquement, dans la position du prince du conte de ma mère, même si elle m'a raconté ce conte bien plus tard. Je ne comprenais pas le monde qu'on se faisait de cette aventure et l'importance conférée à ces praticiens dont j'avais rencontré un certain nombre sans qu'aucun ne m'eût impressionné au moins par sa stature.

Franchir un pas

Mon dépit céda cependant le pas à ma curiosité. Il me fallait comprendre ce que je vivais comme un mystère. Était-il possible – et combien cela aurait-il été présomptueux ! – que j'eusse pu avoir raison face à mes interlocuteurs que j'estimais sincèrement ?

Je décidai d'enrichir mon échantillonnage d'au moins deux ou trois dernières rencontres. Je me rendis à l'École freudienne pour les choisir dans l'annuaire qui y était tenu. Je notai deux noms dans la liste, intitulée « Analystes de l'École », qui m'avait retenu parce que celui de Ginette R. y figurait, aux côtés d'ailleurs de ceux que j'avais déjà vus. Comme je l'avais beaucoup appréciée, je me suis dit que tant qu'à faire autant choisir des praticiens de sa pointure. Ils étaient dans la même rue, l'un, un certain Jean C., au numéro 3, l'autre, un certain Charles M., au numéro 11. J'ai trouvé logique d'appeler d'abord celui du numéro 3. Il a décroché, et comme je l'avais fait avec tous les précédents, j'ai décliné mon identité, mon âge et ma profession en lui déclarant que je voulais entreprendre une psychanalyse avec lui. Il m'a demandé qui m'avait donné son nom

– une question qu'aucun des autres ne m'avait posée. Et quand je lui ai dit « Personne », il a voulu savoir comment je l'avais trouvé. J'en suis ainsi venu à lui apprendre que c'était dans l'annuaire de l'École freudienne et que je l'avais choisi parce qu'il n'était pas loin de chez moi. Il m'a alors appris qu'il allait déménager et quand, à ma demande, il m'a dit où, je lui ai rétorqué que ça me convenait encore. À mon grand étonnement, il m'a fixé un rendez-vous le jour même à seize heures. Je m'y suis rendu. Je déteste tant être en retard que j'ai été en avance. Je suis entré dans le bistrot qui était au pied de l'immeuble pour prendre un café. J'ai été frappé par une pancarte au-dessus du bar qui portait la phrase suivante : « Si vous tenez à mettre vos cendres dans la tasse, faites-le-nous savoir, nous nous ferons un plaisir de vous servir votre café dans un cendrier. » J'ai souri en me disant que le trait d'esprit était décidément de circonstance. Trois minutes plus tard je suis monté à l'étage qui m'avait été indiqué. J'ai sonné. Il a ouvert la porte. Mon regard a croisé le sien et j'ai su sur-le-champ que j'allais non seulement entreprendre une psychanalyse, mais une psychanalyse avec lui et en aucun cas avec un autre.

Quand on m'a demandé, vingt-cinq ans plus tard, ce qui avait présidé au choix de mon psychanalyste, j'ai répondu sans réfléchir et sans la moindre hésitation : « Son regard était en moi depuis toujours. » C'est seulement quinze ans plus tard encore, c'est-à-dire quarante ans après notre première rencontre, que j'ai compris comment ce regard avait pu être en moi depuis toujours. Je regrette beaucoup, soit dit en passant, que

Jean C. soit mort. Je suis certain qu'il aurait apprécié cette découverte tardive et qu'elle aurait été au centre d'un de ces dîners que nous avions pris l'habitude de partager régulièrement des années durant après la fin de mon analyse.

L'inconscient et le temps. Une sacrée histoire !

Et quel mystère que ce transfert-coup-de-foudre centré sur un regard, un regard que le divan allait pourtant me soustraire tout au long de la cure !

Je garde de la première séance un souvenir très fort.

Alors qu'avec les autres praticiens je passais mon temps à raconter mon parcours et mes débats avec mes interlocuteurs, là, aussitôt assis, je me suis surpris à dire une phrase dont je n'aurais jamais imaginé pouvoir même la concevoir. J'ai dit : « J'ai trente-six ans, mon père est mort à trente-six ans, jusque-là je savais comment vivre, maintenant je ne le sais plus. »

Comment et pourquoi une demande finit-elle par surgir et même trouver les mots pour être formulée de la manière la plus concise ?

Était-ce cela que mes interlocuteurs avaient subodoré par-delà la satisfaction que me procurait mon insolente réussite ?

Voilà une bien longue digression !

Et à me demander ce qui m'y a conduit, je ne trouve rien d'autre que le conte oriental de ma mère. Parce que, avec une autre approche et d'autres mots que j'ai appris à manier, il n'a pas été sans évoquer la notion de contre-transfert.

Et j'ai dû le repérer sans le savoir dès la fin de cette première séance quand j'ai entendu mon interlocuteur me dire : « Vous savez ou vous ne savez pas que je m'intéresse aux médecins, que je n'ai pas de place et que je ne pratique pas le système de la liste d'attente. Je vais vous écouter un certain temps. Si votre histoire m'intéresse, je trouverai toujours deux heures dans ma semaine pour vous prendre, sinon, je vous adresserai à un collègue dont je serai assuré qu'il vous conviendra et qu'il pourra vous prendre. »

Je suis sorti en me disant qu'en guise d'histoire intéressante la mienne sera assurément la plus extraordinaire qu'il aura entendue.

Il m'a gardé en face à face pendant quinze séances. Et quand il m'a déclaré qu'il acceptait de me prendre, il a aussi accepté sans la moindre difficulté de tenir compte de mon activité professionnelle en me fixant deux séances à sept heures et demie le mardi et le vendredi et une séance à quinze heures trente le mercredi, au cours du seul après-midi de la semaine où je ne travaillais pas.

Et les séances tôt le matin étaient souveraines pour travailler sur les rêves de la nuit qui ne se présentaient généralement pas comme celui, opaque, de ce petit matin-là.

II. L'autre, les autres

L'intéressant dans la manière dont se sont instaurés les échanges que j'ai eus avec celui qui allait devenir mon psychanalyste, c'est qu'elle renvoie à un certain nombre de considérations énoncées très tôt par Freud lui-même.

La première est celle où il reconnaît, je le paraphrase, que si en tant que médecin il peut soigner n'importe quel malade, il ne peut pas prendre en analyse une personne pour laquelle il éprouverait de l'aversion ou de l'antipathie. Manière de dire que le médecin soigne la maladie et non pas le malade avec lequel il lui importe peu d'avoir ou non un lien, alors que dans la menée de la cure le psychanalyste il se doit de prendre en considération le lien qui s'instaure entre son analysant et lui, même s'il n'a aucune idée de sa nature ou de son devenir.

La deuxième considération, qui découle directement de la précédente, recommande au praticien d'avoir une écoute neutre et bienveillante. Si l'importance du premier terme – résumé dans la recommandation de Serge Leclaire de ne jamais adhérer au discours – tombe sous le sens, celle du second est parfois sous-estimée[1] quand elle n'est pas négligée. Alors même que le terme laisse entendre que le patient doit pouvoir sentir chez son analyste une disposition qui lui permette de parler en toute confiance. Ce qu'illustre somme toute, d'une certaine façon et dans une sphère culturelle éloignée, la morale du conte oriental.

La troisième considération est moins connue. C'est la satisfaction exprimée par Freud quand il écrit : « J'ai réussi là où le paranoïaque a échoué. »

En quoi ce propos est-il important ?

En ce qu'il se réfère au paranoïaque dont on sait qu'il passe son temps à surveiller et à interpréter les propos des personnes qui l'approchent, qu'il tient à distance et qu'il finit toujours par percevoir comme hostiles. Freud, lui, se réjouit d'avoir réussi à développer une capacité d'écoute et d'interprétation au moins aussi grande, à ceci près que la sienne, au lieu d'aboutir à un résultat univoque et délirant, respecte scrupuleusement les nuances des attitudes et des propos qu'elle recueille. Cette capacité ouverte ne laisserait-elle pas entendre qu'à rebours de celle du paranoïaque la relation du psychanalyste à son patient respecte incontestablement l'altérité de ce dernier ? Si tel est le cas, il faudrait s'interroger sur la fonction d'une telle disposition et tenter de comprendre ce qu'elle véhicule.

---

1. C'est l'importance accordée en tout premier lieu à cette bienveillance par Sandor Ferenczi qui lui a valu d'être violemment rejeté par Freud dont il avait pourtant été l'enfant chéri pendant des dizaines d'années. Voir Peteers Benoît, *Sandor Ferenczi, l'enfant terrible de la psychanalyse*, Paris, Flammarion, 2020.

La fonction de l'autre...

Nous savons que l'autre ne nous est pas indifférent. Et depuis toujours, puisque nous en avons eu et nous en avons constamment l'expérience. Même dans nos vies anonymes de citadins, il nous arrive de nous réjouir de rencontrer sinon d'être fidèles à tel commerçant, tel boucher, tel buraliste, tel garagiste, tel dentiste, tel fruitier, etc., et pas toujours pour la seule qualité de leurs services ou pour leur seule compétence. Il en est de même pour les personnes que nous rencontrons ou que nous avons rencontrées tout au long de notre vie. Il y en a eu que nous avons immédiatement fuies, d'autres que nous avons évité de revoir, d'autres encore avec lesquelles nous avons accepté de faire un certain parcours et d'autres enfin, bien plus rares, que nous avons plus ou moins vite élues et avec lesquelles nous avons noué une amitié profonde et solide. Combien de connaissances avons-nous ? Combien peu de relations suivies avons-nous ! À combien de dîners avons-nous été invités ? Et combien d'invitations avons-nous lancées, sans que tout cela n'eût eu de lendemain !

À quoi cette forme de sélection a-t-elle tenu ? À ce dont on parle comme d'« atomes crochus » ? Autrement dit, à un regard, à des traits, à une attitude, à un son de voix, à un sourire, à un vêtement, à un geste, à trois ou quatre mots, à une réaction ? À un de ces indices, à leur mélange, à d'autres encore et parfois même à quelque chose de si subtil que cela reste longtemps indéfinissable ?

Ce qu'il y a de sûr en tout cas, c'est que cet autre qui se présente à chacun de nous, qu'il suscite de l'intérêt ou de l'aversion, produit par un effet de miroir ce dont on parle aussi en termes de sympathie, voire d'empathie, sinon d'antipathie ou de répulsion qui sont leurs contraires. Je ne vais pas convoquer les bibliothèques entières qui ont été écrites sur l'autre et l'altérité. Je me contenterai de souligner que chacun perçoit l'autre à l'aune de lui-même, de ses perceptions, de ses goûts, de son vécu, de son expérience, de ses dispositions à entrer ou non dans l'échange.

Par cet effet de miroir, nous parvenons, comme l'autre lui-même, à reconsidérer en nous des éléments qui ont pu nous gêner ou nous encombrer et dont nous découvrons que nous n'avons pas de raison de nous embarrasser. Un peu comme si nous nous débarrassions d'une poussière sur notre vêtement, que nous arrangions notre col, que nous remettions en ordre notre coiffure ou que nous serrions notre nœud de cravate. On dira, en termes techniques, que l'élection d'un autre nous permet, souvent sinon toujours et comme le permet la culture, de repérer nos refoulés les moins enfouis et de les lever en nous en débarrassant. Ce qui explique que nous progressions dans notre perception de nous-mêmes au fur et à mesure que nous avançons en âge. Car, si dans l'échange on apprend un peu de l'autre, on en apprend en revanche beaucoup sur soi.

On sait aujourd'hui – mais cela importe-t-il ? – que les effecteurs d'un tel travail sont une zone du cerveau qu'on appelle cortex cingulaire et une catégorie de neurones opportunément désignés comme neurones miroirs[1]. On imagine aisément que le prince du conte oriental n'a pas perçu chez son père ou chez ses interlocuteurs ultérieurs l'empathie ou la sympathie qui l'aurait conduit à accepter de confier son rêve.

... jusque dans la psychanalyse

C'est en ce point précis qu'intervient la décision que Freud a prise un jour sans certainement en mesurer sur-le-champ les considérables effets. Gêné dans son travail en face à face par l'effort qu'il devait faire pour ne pas laisser lire sur son visage la manière dont il réagissait au discours de son patient, il a décidé de le coucher sur un divan et de se mettre derrière lui. Privé de l'autre-miroir et engagé dans sa démarche, l'analysant n'a pas d'autre choix que de mettre en mots tout ce qu'il aurait tenté de faire passer de lui, en un éclair et de façon fugace, dans ses échanges avec l'autre qu'il avait devant lui. À ceci près que cet autre n'étant plus du coup identifiable et repérable en tant que tel, il sera amené à son insu à en faire tous les autres à la fois et tour à tour comme cela lui viendra. Le psychanalyste sera pour lui et sans qu'il le décide tout aussi bien le frère, l'ami untel, la mère, le père, l'épouse, telle ou telle autre maîtresse, tel ou tel autre amant, la sœur,

1. C'est une catégorie de neurones qui entrent en activité aussi bien lorsqu'un individu exécute une action que lorsqu'il observe un autre individu exécuter la même action, voire lorsqu'il évoque une telle action. Rizzolatti Giacomo, Sinigaglia Corrado, *Les Neurones miroirs*, Paris, Odile Jacob, 2008.

le prof bienveillant, l'instituteur compréhensif, le patron sévère, le salaud de sergent et tous ceux, dont la liste n'est jamais exhaustive, qui l'auront marqué à une étape de son existence.

C'est à ce processus qu'on donne le nom de transfert. Et quand on parle de l'analyse du transfert que doit opérer le psychanalyste, c'est pour désigner l'effort qu'il doit faire, à l'intérieur de la complexité de son travail, pour savoir à qui, par son entremise, s'adresse son patient.

Le contre-transfert désigne la manière dont le psychanalyste s'efforce de repérer le ou les effets que produit en lui, même s'il cherche à s'en abstraire, le discours de son patient. Quand Lacan déclare que « l'analyste s'autorise de lui-même » ou que « la résistance n'est jamais chez le patient, mais chez l'analyste », il insiste, entre autres sens que revêtent ces sentences, sur l'importance et la difficulté de cette part du travail.

Si je me réfère à mon propre cas, la proximité de l'autre, des autres, et du psychanalyste me semble flagrante.

Mes amis, des autres, et moi débattions d'un point dont ils avaient l'expérience et moi pas. Je finis par suivre leur conseil au nom même de notre amitié, autre nom du lien qui nous unit. J'ai fini par céder à leur insistance en allant consulter des praticiens avec lesquels je n'ai accroché en aucune façon. Rien en eux ne me parlait. Je les ai fuis. Et j'ai fini par tomber sur un inconnu porteur d'un détail singulier qui, lui, m'a accroché : son regard. Je ne savais pas alors que ce regard était niché depuis toujours au plus profond de mon inconscient. Il en a brutalement surgi au point de me faire prononcer, autour de mon état, une phrase qui, sans que je l'aie voulu, en a rendu le compte le plus exact. Ma surprise m'a alors donné envie d'en savoir plus et je me suis engagé à faire en sorte que l'histoire que j'allais raconter à Jean C. soit la plus intéressante qu'il aura entendue de toute sa vie. Cet engagement témoigne à lui seul d'une caractéristique de ma personne que mes amis avaient sans doute repérée et appréciée, alors que je n'en avais pas conscience, et qui consiste, selon la logique souveraine et salutaire du don et du contre-don, à accepter, si besoin est, de payer d'avance et sans rechigner ce que je convoite. Cela a fonctionné ainsi entre Jean C. et moi et j'en ai recueilli la preuve. Trois ans environ après la fin de mon analyse, il m'a téléphoné un soir pour m'inviter à dîner chez lui avec mon épouse. Quand nous sommes arrivés et que je lui ai présenté cette dernière, il lui a déclaré en lui serrant la main : « On peut dire, madame, qu'une psychanalyse a bien marché quand le psychanalyste change autant que l'analysant. Je peux vous dire à cet égard que de toute ma carrière jamais personne ne m'a autant changé que votre mari. » Par-delà le plaisir que j'ai eu à entendre ce propos, j'ai compris la raison du respect authentique que j'ai senti subrepticement circuler entre nous des années durant.

Mais, pourra-t-on objecter, si la dimension de l'altérité se retrouve même dans la relation psychanalytique, comment et pourquoi un ami ou des amis ne pourraient-ils pas opérer les mêmes changements qu'une psychanalyse ?

C'est la leçon du conte de *Oumi Taïna*. Elle explose parce que rien ne l'a formée à recevoir les paroles de la bonne femme qui l'a fabriquée.

Les interlocuteurs lambda que l'on rencontre commencent parfois sinon souvent par garder une certaine distance, minés à leur insu par la crainte que la parole qu'ils reçoivent n'en vienne à bousculer sinon à altérer leur propre vécu. C'est la raison pour laquelle, au cours d'une vie, on a beaucoup plus de connaissances que d'amis, que les amitiés se font et se défont, se multipliant sans cesse comme pour pallier le fait que souvent elles s'épuisent à force d'être devenues encombrantes. Ma mère nous enseignait que *elqarb ijjib elklam ouel ba'd ijjib eslam,* aphorisme à la concision difficile à rendre en français et qui laisse entendre qu'une trop grande proximité génère des embrouilles et que seule la bonne distance assure la paix. La formation du psychanalyste et le soin qu'il met à analyser le transfert et le contre-transfert lui apprennent à garder la bonne distance spatiale et à surtout tenir la distance temporelle. Ce qui vaut mieux pour lui comme pour son patient, outre le fait qu'une telle disposition n'est pas à la portée de n'importe qui.

Il me vient à cet égard une image que je trouve assez parlante et qui pourrait permettre de comprendre la différence des situations.

C'est celle du sable de la plage qui colle aux pieds quand on sort de la mer. La relation à l'autre, aux autres, tout au long de la vie et avec ce qu'elle apporte d'aide, équivaut au résultat qu'on peut obtenir en décollant le sable avec les doigts, voire avec une serviette. Ça prend du temps, on s'en met plein les mains et on finit par accepter par avance le désagrément qu'on va tout de même ressentir en enfilant ses chaussures. Le travail qui s'opère pendant la cure ressemble en revanche, lui, à ce qui se passe quand on met ses pieds sous l'eau du robinet pour finir dans un pédiluve. C'est autrement efficace et c'est bien délicieux ensuite d'enfiler ses chaussures.

La monnaie en cours

Si nous savons maintenant que nous pouvons repérer grâce à nos effecteurs neurologiques certaines des dispositions de l'autre, rien ne nous dit de quoi il s'agit, ce qui y circule et encore moins sur quoi ce repérage a été étalonné. Nous pouvons néanmoins l'approcher si nous faisons l'effort de remonter à nos premières expériences de vivant et à ce que nous avons engrangé avec le premier autre que nous avons rencontré en la personne de notre mère, laquelle nous a été familière dès notre conception. On peut, à cet égard, lui décerner sans tergiverser le titre d'autre majuscule, de grand Autre comme on l'écrit. Au point, comme je le fais, de la balader dans des écrits en rapportant parfois sa geste non sans un étonnement toujours attendri.

Pour cette mère et grâce à elle, nous nous sommes en règle générale sentis importants.

Elle n'a pas cessé de nous le dire par sa gestuelle, ses soins, sa tendresse, ses mots et surtout par le fantasme d'éternité qu'elle a cultivé à notre endroit. Certes, est-elle convenue, c'est le sort des humains de mourir un jour. Nul n'échappe à cet inéluctable. Nul. Sauf mon enfant qui, lui, ne mourra jamais ! Cet investissement formidable et déraisonnable de notre vie nous a fait nous percevoir comme détenteurs de cette vie qui a fondu sur nous, qui nous a habités, qui n'a plus jamais cessé de vibrer en nous, en nous faisant percevoir que nous sommes détenus dans un cocon de ce qu'on appellera plus tard « amour », lequel a pour avantage immédiat de nous faire nous aimer nous-mêmes en nous conférant ce qu'on appelle un narcissisme d'étayage. Il nous faut en effet nous aimer un tant soit peu pour parvenir à aimer.

Encore faut-il s'entendre sur ce mot « amour » qui évoque tant de choses et dont on use sans cesse. Que dit-il quand j'en use en toute occasion ? Je peux en effet dire que j'aime conduire, que j'aime les artichauts, les livres, les voyages en train, la musique classique, les pulls en cachemire, les couchers de soleil, la peinture de Jérôme Bosch, les quais de la Seine, mes enfants, mes amis, mon épouse. Je suis assuré de me faire comprendre. Et pourtant les objets que j'énumère sont tellement disparates qu'il pourrait sembler inconvenant de les mettre côte à côte. Il en est pourtant ainsi parce qu'ils renvoient tous sans exception, même si c'est à des degrés divers, à la conscience de la vie dont nous sommes porteurs, laquelle renvoie elle-même à ce que nous avons éprouvé lors précisément de notre venue au monde, de l'accueil dont nous avons été l'objet et de la manière dont nous avons accueilli la vie qui nous a été donnée, qui s'est infiltrée en nous et qui, depuis, ne cesse pas à notre grande satisfaction de nous parasiter. L'émotion qui éclôt en nous toutes les fois que nous rencontrons un objet d'« amour » renvoie toujours peu ou prou et de quelque façon qu'elle se manifeste à l'amour de la vie, à la sacralisation de la vie dont nous avons été tout à la fois l'objet et le témoin.

C'est pourquoi le mot « narcissisme », même affecté du complément « d'étayage » n'est pas sans soulever une certaine méfiance. On aurait sans doute préféré l'usage d'un autre mot pour dire ce qu'il désigne. Cela vient de la conscience plus ou moins claire que nous avons d'un narcissisme pathologique, désigné par sa seule étiquette et qui, lui, est mortifère. Car il ne sacralise en aucune façon la vie, il sacralise seulement le vécu de son porteur. Ce narcissisme-là n'est pas le fruit du hasard. Il n'est que le report sur l'enfant du narcissisme pathologique maternel. Une telle mère se fiche éperdument de sacraliser la vie. Si, comme toute mère, elle est traversée par le fantasme d'éternité de son enfant, elle décidera d'abord et avant tout qu'il sera supérieur à tous les autres en parvenant à le convaincre qu'il l'est, qu'il ne doit rien à personne et que tout lui est dû.

On imagine aisément à partir de là que les dispositions des autres mères donneront des résultats différents.

Une mère très angoissée et peu confiante dans ses capacités fera de son enfant un individu timoré et doutant fortement de lui.

Une mère exigeante et perfectionniste fera de son enfant un individu mal assuré et perpétuellement insatisfait.

Une mère indifférente, voire rejetante fera de son enfant un individu qui se sentira peu aimable et qui aura une bien piètre estime de lui-même.

On peut décliner tous les autres cas de figure, on trouvera toujours une corrélation étroite entre les dispositions de la mère et celles de son enfant. Sans qu'aucune mère ne doive pour autant être jugée coupable. Car aucune n'a opté en conscience pour l'attitude qu'elle a eue. Elle a fait ce qu'elle a pu avec le bagage que lui a conféré son histoire !

Quoi qu'il en soit, c'est de la sacralisation de la vie qui nous a accompagnés dès notre conception et de la plus ou moins grande richesse du bain d'amour qui en a découlé que vont dépendre quantité de dispositions qui feront de nous ce que nous serons, surtout dans les échanges avec les autres.

Au point qu'on peut affirmer que la monnaie qui a cours dans ces échanges est toujours l'amour et rien d'autre.

Car, à moins d'avoir eu une mère pathologiquement narcissique, nous ne savons jamais si nous allons garder sans qu'elle ne s'use ou s'altère la sacralisation de la vie dont nous avons été dotés. Nous aurons alors à cœur, dans nos échanges avec les autres, d'en exciper une part destinée à l'autre dans l'attente qu'il fasse de même. Ainsi entrerons-nous dans l'échange pour faire résonner cette sacralisation de la vie et nous sentir vivants tout en permettant à l'autre de faire de même pour se sentir vivant lui aussi. Dans l'espoir évidemment d'évacuer l'angoisse de mort qui ne cesse pas de nous assaillir et de lever ainsi nos doutes quand ce ne sera pas de trouver dans l'un ou l'autre de nos interlocuteurs le tuteur de résilience[1] dont nous pourrions avoir besoin.

Nous serons alors guidés dans notre entreprise par les lois universelles du don et du contre-don. Tu m'as donné, je te donne en retour. Je t'ai donné, tu me donnes en retour.

Et nous nous découvrirons fuyant instinctivement les redoutables prédateurs qui viennent vers nous et que sont les narcissiques. Nous percevons en effet qu'ils sont dangereux et que, derrière leurs habiles manœuvres séductrices, ils n'ont pas d'autre projet que de satisfaire l'ambition de leurs mères de nous écraser en pillant notre amour sans rien nous donner en contrepartie. Leur longévité, comme celle d'ailleurs des paranoïaques, n'est due qu'à la spécificité de leur comportement.

C'est d'ailleurs la redoutable réputation du potentiel assassin de ces meurtriers qui explique l'existence, un peu partout, de croyances et de procédés destinés à annuler leur entreprise. Je ne m'étendrai pas sur les désenvoûtements dont je n'ai pas l'expérience mais qui ont donné lieu à des travaux anthropologiques dans lesquels, souvent, l'enquêteur reconnaît le bénéfice que, pour s'y être volontairement soumis, il en a lui-même tiré. Je pourrais en revanche m'étendre longuement sur le mauvais œil, sur son repérage, sur ses possibles effets et sur la grande variété de dispositifs destinés à en annuler l'impact. J'en ai été souvent l'objet[2] et j'ai

1. Selon l'expression de Boris Cyrulnik qui a consacré une œuvre à la résilience.
2. Voir Naouri Aldo, *Des bouts d'existence*, Paris, Odile Jacob, 2019.

fermement dénoncé ce type de discours au nom de la logique cartésienne. Mais j'ai fini par taire ma dénonciation quand j'ai eu compris que le postulat sur lequel repose le concept de mauvais œil, c'est que l'humain est par nature foncièrement égoïste et que cet égoïsme le dispose à être envieux (pourquoi cet autre bénéficie-t-il d'un bien que j'aurais aimé avoir ?) et jaloux (je déteste cet autre, que j'aimerais voir disparaître, parce qu'il a ce que j'aurais aimé avoir). Il suffit pour s'en convaincre de constater combien sont rares, y compris parmi nos proches, les êtres capables de se réjouir sincèrement de notre bonheur. On comprend, dès lors et à partir de là, que tout ce qui se déploie dans les stratégies de lutte contre le mauvais œil n'est qu'une manière de se tenir auprès du souffrant, de lui rappeler la sacralisation de la vie et de lui apporter la compensation de ce qui lui aurait été dérobé. En est-il autrement de ce qui circule lorsqu'on vient en aide à une personne dans le besoin ou qu'on rend visite à un malade ou à une personne isolée ? Et que dire alors de la structure des soins et de l'entreprise soignante ?

De quel ingrédient s'agit-il qui circule dans cette agitation et qui fonde aussi bien l'égoïsme que l'altruisme ou la solitude de chacun de nous ?

Ni plus ni moins, je le répète, que l'amour dont j'ai dit qu'il nous avait été perceptiblement dispensé dès notre venue au monde par la sacralisation de la vie en nous et dont nous avons souvent sinon toujours été l'objet avant même notre conception.

Nous avons eu, nous avons et nous aurons toujours autant besoin d'amour que d'oxygène.

C'est pour en obtenir que nous avons consenti dans notre enfance à refouler nos pulsions et à les maîtriser comme nous le demandait notre éducatrice.

C'est pour en obtenir que nous avons accepté de rentrer dans la discipline imposée par le lien social.

C'est pour en obtenir que nous nous dépassons parfois, allant jusqu'à accomplir des exploits.

C'est pour en obtenir, autant que pour en donner, que nous rentrons dans l'échange versé aveuglément au seul compte de l'instinct grégaire de notre espèce.

Nous restons toujours à sa recherche même et encore plus lorsque notre parcours nous a permis de nouer notre vie avec le ou la partenaire qui authentifie alors le capital dont nous avions été dotés.

Hormis les narcissiques, nul n'est en effet certain d'en avoir eu son dû.

Une recherche obstinée

Elle avait quatre-vingts ans, ma mère, quand, au cours d'un dîner que nous partagions dans sa cuisine, elle a soudain éclaté en sanglots en me disant : « Ma mère ne m'a jamais aimée ! »

Je suis resté stupéfait. Sans voix. En me demandant comment il pouvait se faire qu'une femme si vieille, pratiquement au terme de sa vie, puisse encore se soucier des sentiments que lui avait portés jadis sa mère. Comment était-il possible que cette frustration fût restée aussi vivace ? Comment était-il possible que tout cela n'ait pas été dépassé et enterré sous les épreuves, les vicissitudes, les maternités successives, voire balayé et compensé par les joies ? Je l'ai alors entendue poursuivre redoublant de sanglots : « Si elle m'avait aimée elle m'aurait permis d'avoir une fille à laquelle j'aurais donné son nom. »

J'avais trois sœurs. Je lui ai alors rétorqué : « Qu'est-ce qui t'a empêchée de donner son nom à l'une de tes trois filles ? » Elle s'est arrêtée de pleurer en me disant d'une voix tremblante : « J'ai donné son nom à une fille. J'ai appelé Rachel une fille qui est née entre Chaoul et Viola. Tu ne peux pas imaginer combien elle était merveilleuse, douce, intelligente et si belle ! Si tu savais le temps que j'ai passé à la bercer, à la prendre dans les bras, à la gâter, à coiffer ses beaux cheveux, à lui faire de belles robes… »

Je ne l'écoutais plus. Je découvrais brutalement cette sœur-là, sa septième enfant, dont je n'avais jamais entendu parler et dont l'existence se mettait soudain à éclairer pour moi des pans entiers de la relation qu'elle entretenait à mes sœurs. Je ne comprenais pas qu'elle pût parler ainsi d'une fille, elle pour qui ses filles étaient quantité négligeable quand elle ne les maltraitait pas ouvertement. À peine l'avais-je entendue poursuivre « Elle est morte à quatre ans. Ça a été l'horreur… » que je compris les événements des années qui venaient de s'écouler.

Quatre années auparavant, elle m'avait chargé d'une mission. Mon rôle étant toujours de remplir sans regimber les missions de toutes sortes qu'elle ne se faisait jamais faute de me confier, m'eussent-elles paru impossibles. Les voies de la recherche d'amour !

Elle sentait qu'elle avait besoin d'aide mais elle ne voulait dépendre ni de ses filles ni de ses belles-filles, trop hostiles à son endroit, disait-elle ouvertement. Il fallait donc que je lui trouve une employée de maison. Laquelle, outre qu'elle devait être juive, devait parler arabe et accepter comme paie la misérable pension de vieillesse qu'elle touchait et qui représentait le cinquième du smig de l'époque. Je me suis adressé à un service de placement de la communauté juive auquel j'ai expliqué la situation en disant que la personne devait accepter le montant proposé par ma mère, étant entendu que je lui verserais personnellement le complément de son salaire.

Mission accomplie, ai-je cru pouvoir me dire.

Mais quelle erreur !

Car ce fut l'enfer.

Les jeunes femmes, âgées toutes de vingt à vingt-cinq ans, tenaient à peine quelques semaines. Non pas qu'elles eussent eu à se plaindre. C'est elle qui les renvoyait, et souvent brutalement. Les motifs de renvoi les plus fréquents tournaient autour de problèmes sémantiques impossibles à récuser, les dialectes d'Afrique du Nord ayant des vocabulaires souvent différents. Je la trouvais hurlant : « Elle ne comprend rien, je lui dis "maintenant", elle n'entend pas ! » Il est vrai qu'elle lui disait *Taoua* quand l'autre attendait *Darouak*. Tout comme pour œuf elle disait *Dahia* et l'autre *Baïda* ou *'Adma*, pour marmite *Kazan* et l'autre *Barma,* pour couteau *Sakine* et l'autre *Khodmi* ou *Mous*, pour carottes

Sfénari et l'autre *Zroudia,* pour bouteille *Chicha* et l'autre *Qar'a*, pour rue *Cha'ra* et l'autre *Zanqa*, et ainsi de suite pour des dizaines et des dizaines de mots. Elle n'avait pas appris le français, mais guère plus l'arabe algérien et ses variantes. C'était étrange de l'entendre traiter un garnement de *qabadaï,* le terme turc pour « voyou » et, plus désopilant encore, de l'entendre jurer à ses voisines arabes *Ouhaï adonaï* ou de leur balancer *Baroukh hachem* et d'autres expressions de la même eau, sans même s'apercevoir – l'a-t-elle un jour su ? – que c'était de l'hébreu !

Une ou deux fois le motif du renvoi a été le manque de respect. À la première de ces occasions-là je lui ai reproché de ne pas tenir son rôle de patronne et de leur parler beaucoup trop d'elle. Elle m'a rétorqué que j'allais bien, moi, parler à quelqu'un. Et comme je lui faisais remarquer que c'était un professionnel et que je le payais pour cela, elle a protesté en criant qu'elle aussi les payait.

Ce fut donc une longue succession de jeunes femmes plus dévouées les unes que les autres que, honteux, je dédommageais largement au moment de leur renvoi.

Il en fut ainsi pendant environ deux ans jusqu'au jour où le filon a été épuisé.

Navrée, la directrice du bureau de placement, dont je soignais les petits-enfants et qui comprenait mon problème, me promit de me rappeler dès qu'elle aurait une nouvelle recrue. Ce qu'elle fit au bout de quelques semaines avec aussitôt cependant certaines réserves. La dame n'était pas toute jeune. Elle avait cinquante-quatre ans, elle était égyptienne et ne parlait pas les dialectes d'Afrique du Nord. L'embûche était de taille. Entre le dialecte de ma mère et l'égyptien, il y avait la même différence qu'il y a entre le français et le catalan ou le roumain. Nous convînmes cependant d'un essai. La dame rendit visite à ma mère. Le soir, quand je suis allé la voir, je l'ai trouvée détendue et étonnamment joviale. Je lui ai demandé comment elle avait trouvé la dame. Son « très bien » était enthousiaste. La comprenait-elle ? « Je la comprends », répondit-elle très vite sur un ton qui laissait entendre que la question ne méritait pas qu'on s'y attarde. Moi, je n'y comprenais rien parce que, lorsqu'il m'arrivait de passer un moment avec elles deux, chacune parlait sa langue et semblait ne rien comprendre à celle de l'autre. Mais dans l'ensemble ce fut parfait. Absolument parfait et à tous les points de vue.

La dame resta en poste deux ans et demi et je n'ai jamais vu, de toute ma vie, ma mère aussi détendue et aussi heureuse.

La dame s'appelait Rachel et elle avait l'âge exact qu'aurait eu cette sœur décédée dont je venais d'apprendre l'existence.

Par quels détours et avec quelle obstination ma mère a-t-elle cherché à recouvrer ce à quoi elle a pensé sa vie durant avoir droit et en avoir été privée.

L'intéressant étant, dans la référence que j'y fais, qu'elle est d'une culture très éloignée de celle dans laquelle je me suis coulé. Si bien que ce qui se dégage de sa geste sur ce point acquiert un caractère quelque peu démonstratif par rapport au discours que je viens de tenir sur la place de l'amour.

III. L'entrelacs des langues

Il m'a semblé inutile, tellement c'était flagrant, de retenir la dimension d'échange dans laquelle se situait le rêve opaque sur lequel je m'étais cassé le nez. Alors qu'elle était au premier plan, je m'évertuais à chercher, sans y parvenir bien sûr, un élément qui m'eût permis une association. S'il n'est pire sourd que qui ne veut pas entendre, il n'est pire aveugle que qui ne veut pas voir. Les résistances, dressées sur un scénario mystifiant, m'ont condamné à tourner en rond dès mon réveil, pendant que je me rasais, alors que je m'habillais et bien sûr dans ma voiture tout au long du trajet qui me conduisait à ma séance.

Mardi matin

À peine sur le divan j'ai déploré tout cela avant de me lancer dans la narration du rêve.

« Je suis dans un lit. Couché. Avec une femme dont je sais qu'elle est vieille et laide, bien que je ne voie pas sa tête. Je suis à hauteur de ses genoux. Je sais qu'elle attend que je lui fasse l'amour. Mais, bien que je sois désireux de la satisfaire, je n'arrive pas à bander. Au moment même où j'appelle à la rescousse des fantasmes érogènes, sa voix me parvient et me dit : “Il faut du lait d'amandes pour faire bander les hommes.” »

Aujourd'hui, de ma place et avec l'expérience acquise pendant les quarante années qui me séparent de cette séance, je trouve ce rêve particulièrement riche en thématiques à dérouler, ne serait-ce qu'à partir de la dimension d'échange dont j'ai fait état. C'est sans doute ce qu'a dû penser mon psychanalyste en m'écoutant. Ça ne l'a pas pour autant extrait de l'épais silence qu'il observait toujours et sur fond duquel mes propos prenaient une surprenante intensité. Il ne pouvait d'ailleurs pas en être autrement pour moi. J'avais tant apprécié les effets du silence de Ginette R. quand elle dirigeait notre groupe Balint que je ne pouvais pas imaginer qu'il pût en être autrement ! À cet égard, je n'avais pas du tout apprécié le fait que les précédents analystes que j'avais consultés me posent quantité de questions quand ils ne m'interrompaient pas sans relâche. À l'un d'eux j'avais fini par dire : « Taisez-vous ! Vous n'arrêtez pas de m'interrompre et de parler. Si c'est ainsi que vous concevez votre métier, je ferais mieux d'aller voir un garçon de café. Ça me coûterait moins cher. Vous ne pouvez pas comprendre que ce que je viens vous acheter, c'est votre silence ? » Il m'a fallu six années de divan pour saisir le sens et la portée de cette dernière phrase. Je ne me savais pas avoir enfoui en moi la culpabilité énorme que laisse entendre sa formulation. Et son émergence n'a été possible que sur ce fond de silence qui accueillait ma parole et sur lequel je comptais pour décrypter mon rêve. Car le psychanalyste n'est pas l'oniromancien que fait de lui le sens commun fondé sur les erreurs commises par des films prétentieux. Il n'est pas là comme on l'imagine pour délivrer à tour de bras des interprétations percutantes et réputées libératrices. Par sa présence il encourage l'analysant, seul interprète, à se risquer à l'interprétation du matériel qu'il rapporte, qui n'a rien de prédictif et qui, pour être éventuellement une lettre à déchiffrer, est toujours une lettre adressée depuis le fin fond du passé. Une lettre, ajouterais-je, dont le déchiffrement, tout singulier qu'il soit, n'est jamais exclusif d'autres lectures éventuelles.

Décrypter

En analysant consciencieux comme je l'avais été depuis déjà presque sept ans, je me suis emparé du seul élément qui était à ma portée et qui semblait cohérent avec la thématique sexuelle du début du rêve. J'ai cru pouvoir explorer les phonèmes que j'ai entendus et faire de *lait d'amandes,* laide amante. M'est revenu, alors, le souvenir d'un plaisir particulièrement aigu que j'ai éprouvé à faire l'amour, une fois dans ma jeunesse, avec une femme laide qui m'avait pratiquement violé. Mais une fois que j'ai eu évoqué ce souvenir les associations se sont bloquées. Et comme je n'avais plus rien à dire sur ce point précis, je me suis lancé dans des considérations corollaires.

J'ai commencé par reconnaître que je savais avoir toujours eu un rapport quasi raciste à la laideur. Je la supportais si mal que j'étais forcé de reconnaître ma répulsion comme un symptôme. J'avais déjà longuement exploré cette disposition et je l'avais rapportée à la conscience douloureuse de ma propre laideur. À la manière de Jacques Brel, j'aurais pu ne pas cesser de dire combien je regrettais de ne pas pouvoir « être une heure, une heure seulement, beau et con à la fois ». Une bien étrange conscience tout de même ! Comment et sur quels critères l'avais-je construite ? Étais-je vraiment laid ? Ou plus laid que d'autres ? Comment en juger ? J'avais fini par conclure – une construction comme une autre ! – que ma conviction venait probablement de ce que, à l'encontre des autres mères dont il m'arrivait de surprendre les compliments qu'elles se faisaient sur leurs enfants respectifs, aucune mère n'avait dit à la mienne que j'étais beau. Et comment cela aurait-il pu se faire, personne ne lui parlait et elle ne parlait à personne. Elle-même ne m'avait jamais rien dit de cet ordre, pas plus qu'elle ne disait quoi que ce soit de mes frères, de mes sœurs, d'un autre enfant ou de quiconque. Pourquoi, alors même qu'elle était tendre, était-elle étrangère à toute considération esthétique ? M'étant facilement coulé, comme le font tous les enfants, dans mon univers environnant qui était français, je ne pouvais pas imaginer que, obnubilée par le souci de notre santé et de notre devenir, elle ne voulait pas nous faire courir de surcroît le risque de pâtir du mauvais œil, eût-il été le sien. En Afrique, si on doit dire quelque chose d'un bel enfant on dit qu'il est laid. De même le rituel juif recommande-t-il dans une telle occurrence d'user de la phrase convenue *Ben porath Yossef,* qui fait référence à la descendance de Joseph, protège contre le mauvais œil et évite d'avoir à porter un jugement, fût-il laudatif. Un épisode parmi tant d'autres, somme toute, où la double et même triple culture, que le destin de ma famille m'avait conférée comme lot, a entraîné de regrettables et parfois graves malentendus.

Je me souviens que, plus tard, pour me débarrasser de ce questionnement dont je ne comprenais ni l'origine ni la portée, j'ai décidé d'assumer comme je le pouvais ma laideur dont l'emblème était mes cheveux crépus comme ceux des Arabes – ce qui dans l'Algérie coloniale était un lourd handicap.

C'est sans doute ainsi que j'ai dû, par un mécanisme compensatoire, à la fois envier et investir la beauté plastique. Sa perfection me procurait un plaisir intense et mon œil a développé très tôt à son endroit une grande acuité à en saisir le moindre détail. L'agencement du rêve et son côté épuré, qui le rendait somme toute fort beau, n'auraient sans doute été là que pour insister sur la laideur de la femme à qui, je ne savais pas pourquoi, je devais impérativement faire l'amour.

Mon rapport au lait quant à lui avait déjà aussi été longuement exploré. En tant que pédiatre j'en étais un spécialiste et un prescripteur. J'avais abordé le fait jusques et y compris dans ses implications maternantes. Un soignant, et *a fortiori* un pédiatre, n'est-il pas doté d'une fibre maternelle consistante ? J'avais aussi pas mal travaillé une histoire de verre de lait que ma mère, me racontant par le détail dans ma petite enfance l'agonie de mon père, ne lui aurait pas donné – à ses propres dires – après que le médecin lui avait fait une injection d'insuline. Ce qui – toujours selon ses mêmes dires – aurait contribué à le tuer ! Encore qu'il y eût eu différentes versions de ce récit. Tantôt elle n'avait pas de lait et elle ne pouvait pas en acheter parce que c'était shabbat, tantôt elle en avait mais c'était toujours shabbat et elle ne pouvait pas le chauffer comme il le lui avait été expressément recommandé. Quand je repris en détail cet épisode une fois médecin, je compris que le médecin avait tout simplement fait une erreur de diagnostic fatale. Il avait pris le coma hypoglycémique[1] de mon père pour un coma hyperglycémique[2] et l'avait donc achevé avec l'injection d'insuline[3].

L'analyste a mis fin à la séance sur ces considérations et m'a dit en me raccompagnant qu'il faudrait savoir si c'est laid, avec un d, ou lait, avec un t, qui est « cause du désir ». L'opacité de son propos a pris le relais de l'opacité du rêve : je ne savais pas ce qu'impliquait l'expression « cause du désir » qu'il m'était arrivé d'entendre ou de lire dans certains écrits. J'étais un analysant lambda. Je n'avais pas le projet de devenir psychanalyste. J'avais lu nombre de livres de Freud et les textes que je pouvais comprendre de Lacan. Mais je ne m'étais jamais mis en tête d'apprendre à manier les concepts fondamentaux de la psychanalyse, d'en maîtriser le vocabulaire technique et encore moins de pénétrer l'algèbre lacanienne.

1. Dû à un manque de sucre dans le sang et devant être traité par un apport de sucre.
2. Dû à trop de sucre dans le sang.
3. Qui fait baisser le taux de sucre dans le sang.

Remarque

Je ne voudrais pas aller plus loin avant de marquer le pas et de faire une remarque d'importance.

Chacun peut aisément imaginer qu'un texte ne s'élabore pas d'un seul coup et qu'il impose un travail de rédaction plus ou moins long, plus ou moins ardu, avant de finir par être considéré comme à peu près satisfaisant. On imagine le nombre de lectures et de relectures que cela nécessite. Je bénéficie, pour ma part et dans cette entreprise, d'une mémoire très performante et de la facilité qu'offre l'exercice de la narration. Je n'ai donc eu, et je n'aurai, aucune difficulté à rapporter le contenu des séances. Mais la question qui s'est posée à moi était de savoir si je devais les rapporter simplement comme elles se sont déroulées ou bien si je devais les assortir d'un ou de plusieurs commentaires pour en faire ressentir le contenu dans son intégralité : qu'y entendre du côté du narrateur que j'étais ? du côté du narrateur que je suis aujourd'hui ? du côté du psy qui m'écoutait ? du côté de celui qui associe toutes ces performances pour ouvrir la voie à une nouvelle ? À déployer ainsi les différents angles d'abord possibles de la narration, je me suis senti renvoyé à la technique talmudique d'interprétation des textes, technique désignée par l'acronyme PARDES qui réunit le Pshat, sens obvie, le Remez, sens allusif, le Drach, sens déduit de l'intertextualité, et le Sod, sens secret. Et c'est ce qui a probablement fini par donner le résultat qu'on vient de lire. J'ai choisi de rapporter les séances telles qu'elles se sont déroulées, laissant à chacun le loisir d'en faire ce qu'il veut. De même ai-je relevé dans mes relectures que mes considérations techniques n'étaient pas toujours assez explicites. Je ne les ai cependant pas retouchées ayant estimé qu'elles se prêtaient facilement à une lecture capable de décrypter les blancs d'entre les mots.

Mercredi après-midi

À la séance de ce jour-là, le souvenir d'un étrange vécu récent m'est venu en tête à peine ai-je été sur le divan. Il ne me semblait pas avoir le moindre rapport avec le rêve sur lequel je m'étais mis à travailler. Mais je ne pouvais pas éviter de le raconter. La règle fondamentale qu'avait énoncée mon psychanalyste, au moment où il m'avait fait passer du fauteuil au divan, m'imposait de le faire. Je devais dire à haute voix tout ce qui me traversait l'esprit sans opérer le moindre choix ou la moindre censure.

Cela s'était passé au cours d'une visite que j'avais faite la veille à une petite fille malade de trois ans.

J'avais été reçu par sa mère, une très belle femme aux grands yeux bruns. Elle m'avait introduit dans le salon où était le père, un non moins bel homme, blond, athlétique, aux yeux verts. Je connaissais le couple depuis la naissance de la fillette. Et je connaissais aussi ce salon dans lequel je ne suis jamais entré sans éprouver une grande gêne. Le père était un artiste, un plasticien au sens plein du terme, peintre et sculpteur. Il excellait, à ce que je pouvais en juger, à fabriquer des momies en carton-pâte qui ressemblaient à s'y méprendre à de véritables momies. Il y en avait en vitrine, superposées par trois, aux quatre coins du salon. Il faisait également des moulages impressionnants de réalité. L'un d'entre eux, particulièrement troublant parce que saisissant de vérité autant par le souci du détail que par le rendu, trônait au milieu du salon. C'était celui grandeur nature de son épouse, celle qui m'avait introduit et qui était là à me raconter les symptômes de son enfant. Elle était nue, face contre terre, en position génupectorale, les bras sous elle, se passant les mains entre les cuisses et ouvrant de ses doigts les lèvres de son sexe. Je m'évertuais à ne pas regarder dans cette direction feignant d'ignorer cette formidable invitation à laquelle, bien sûr, je n'aurais rêvé que de me rendre !

La gêne m'aurait déjà assez éprouvé si ne s'y était pas ajoutée ce jour-là une troublante et incompréhensible émotion.

Je m'étais rendu dans la chambre de la petite fille pour l'examiner. Et, alors que je l'auscultais, mon regard avait été attiré par un sous-verre accroché au mur face à moi. C'était une aquarelle à fond bleu soutenu et dont les personnages sans visage étaient à peine esquissés par de fins traits noirs. C'étaient un homme et une femme. La femme chevauchait l'homme en un mouvement de coït admirablement représenté tant les mouvements du bassin étaient rendus perceptibles par des ponctuations de fins traits blancs. On y sentait aussi bien l'excitation que la violence et… le désespoir ! Car le bassin de l'homme, tendu dans un mouvement qui se voulait de pénétration et qui, lui aussi, rendait parfaitement le côté têtu et obstiné de l'acte, ce bassin était totalement lisse, surmonté de deux épais traits blancs et dépourvu du pénis qu'on aurait dû s'attendre à deviner à défaut de le voir.

Bien qu'étrange et d'un abord difficile, ce client, en avais-je conclu, était vraiment un grand artiste. J'ai alors voulu le nommer. Mais, malgré tous mes efforts depuis le début du récit, je ne suis pas parvenu à me souvenir de son nom, pourtant simple, et je ne savais pas pourquoi.

Ce sur quoi l'analyste a mis fin à la séance.

Même s'il en va autrement aujourd'hui, je n'avais pas du tout compris à l'époque de quelle façon cette incise artistique, où, sur fond de mort, il est tout de même question de sexe, de désir et d'impossible, pouvait être liée au rêve que j'avais rapporté. Avais-je à épiloguer sur les métaphores et les métonymies par lesquelles s'exprime l'inconscient ? Cela m'importait peu. J'avais de la bouteille et je m'étais résigné depuis pas mal de temps à admettre que les choses les plus disparates qui survenaient dans la menée de ce travail étaient toujours liées entre elles et produisaient des effets inattendus.

Ce dont j'eus une preuve de plus dans l'entre-deux séances. Passant en bas de l'immeuble de mon fameux artiste, j'ai éclaté de rire au souvenir subit de son nom : il s'appelait Ricolet. Et je me suis dit qu'à travers les *lé*, *les*, *let* ou autre *lai* – n'est-il pas notoire que l'inconscient ignore l'orthographe autant que la temporalité horlogère ? –, le *lait* et/ou le *laid* ne cessaient décidément pas de me poursuivre.

Vendredi matin

J'ai introduit la séance en faisant état sur un mode enthousiaste de ma découverte du nom de mon fameux artiste sans susciter la moindre réaction ou la moindre ponctuation. Le silence m'a amené à reprendre mon discours sur le *lait/d* en dévidant à nouveau mon rapport exigeant à la beauté, cette « promesse de bonheur », comme la dit Stendhal. J'ai évoqué celle aliénante de mon épouse, celle saisissante de mes enfants, celle attendrissante de mes petits patients, les bébés et les plus grands, comme celle de leurs jeunes parents, en y reconnaissant la source du bonheur que j'éprouvais à exercer mon métier. Un bien long discours, assez vide cependant, pour dire ma répulsion du *laid* mais pour implicitement refuser d'aborder ou de revenir sur le *lait*, sujet qui me semblait contrebattu sinon épuisé et n'ouvrant que sur une impasse.

Mardi matin

Ce fut une séance vide. J'ai piétiné, revenant sur les éléments qui m'étaient apparus et sur lesquels je ne pouvais produire aucune association. Je les ai tournés et retournés dans tous les sens. En vain. Ce n'était pas la première fois que se produisait ce genre de panne. J'avais fini par comprendre, quand le travail reprenait de façon satisfaisante, que je m'étais cogné à une résistance dont je découvrais tôt ou tard la nature. Mais de le savoir ne suffisait pas à résoudre le problème.

J'étais furieux de marquer le pas. J'avais beau mettre en balance le *laid* et le *lait*, reprendre mon discours comme on revoit un texte, rien n'y faisait. J'en voulais, et je ne me suis pas fait faute de le dire, au dispositif analytique et plus encore à mon analyste dont le silence était plus épais qu'à l'accoutumée. Pas le moindre grattement de gorge, le moindre *huumm* ou le moindre *oui* chuchoté sur le ton interrogatif même quand je gardais le silence ! J'avais fini par pester contre le bruit que faisait sa cuillère dans son pot de yaourt alors même que j'étais accoutumé depuis longtemps à le voir se lever au milieu de la séance et aller chercher son plateau de petit déjeuner quand on frappait à la porte. Il m'a rétorqué avant de se taire à nouveau : « Ça vous gêne tant que je sois si réel ? » Il n'y eut rien de plus et à mon grand soulagement il mit fin à la séance.

Sur le chemin du retour, toujours furieux, je me suis soudain surpris à essayer de passer à ma langue maternelle.

C'est un procédé que j'ai souvent utilisé durant toutes ces années en remarquant combien il était parfois un adjuvant productif. Face à un exposé qui ne me conduisait à aucune association, il me suffisait parfois en effet de passer à ma langue maternelle pour sortir de l'impasse. Je n'excluais cependant pas mon analyste de ces associations dans une langue qu'il ne pouvait pas même entendre. J'articulais pour lui les termes en insistant sur la phonématique pour en dégager les acceptions qui les constituaient en signifiants. J'ai donc traduit ce fameux *lait* qui semblait vouloir s'extraire de l'exploitation qui l'attendait. Le problème avec ce procédé, c'est qu'il n'obéissait à aucune systématisation. Rien n'indiquait le moment ou la nécessité d'y recourir. Une résistance dans l'exploration d'une piste, c'est comme la rencontre avec une montagne dont rien ne laissait prévoir l'existence au bout du chemin que l'on suivait. La nécessité de passer à l'autre langue pourrait se comparer à ce qui arrive à une mouche qui veut sortir de la pièce et qui se heurte à la vitre de la fenêtre. Dans le premier cas on mesure, anxieux, l'effort à produire pour gravir ou contourner la montagne sans savoir ce sur quoi on va déboucher. Dans le second cas, on sait bien, et la lumière l'indique, qu'on est dans la bonne direction. C'est encourageant mais la question reste celle de l'obstacle, trompeur et parfois désespérant, qu'est la vitre. Il arrive qu'à force de reculer et de prendre son élan pour essayer de sortir on tombe sur une ouverture inattendue. Mais faute de cela il ne reste plus qu'à explorer l'environnement pour trouver une solution. C'est ce qui a dû se passer pendant la séance d'où je sortais.

Je suis donc passé à ma langue maternelle en traduisant, je ne savais pas pourquoi, seulement *lait* sans me préoccuper du *laid*. Ça a donné *H̲lib*. La première consonne m'a frappé et bouleversé aussi sans que j'eusse clairement compris pourquoi. C'est une consonne gutturale, très forte, caressant l'arrière-gorge et le pharynx, et provoquée par un souffle d'air maintenu et dosé. Une fricative pharyngale sourde[1] dans le langage des phonologues. C'est un son difficile à entendre et plus encore à produire pour les étrangers à la langue. Au point qu'en Israël par exemple, alors que ce phonème existe en hébreu, il est allègrement confondu, même par les séfarades qui ont pourtant la possibilité de l'émettre, avec le phonème *Kh* qui se prononce comme la *jota* espagnole.

Boulevard de l'Hôpital, au volant de ma voiture, je module des *H̲* à gogo. Je m'aperçois qu'ils ont toujours eu et qu'ils ont pour moi un caractère merveilleux et étrangement troublant. Je me demande si après tout ce *H̲* ne serait pas ma lettre. Voilà déjà bien longtemps que, négociant la fin de mon analyse, je disais à mon analyste ma crainte qu'il ne pût pas entendre ma lettre si c'était une de ces gutturales comme ma langue maternelle en produit. L'incise n'est pas anodine. Car pour les lacaniens la menée et surtout la fin de la cure obéissent à des critères rigoureux. Le sujet serait enfermé dans une nasse faite d'une série de chaînes signifiantes. La cure lui permet de remonter ces chaînes qui, une fois remontées, se défont d'elles-mêmes. Or toutes ces chaînes partent d'un signifiant premier, dit S1, lequel a pour origine une lettre toujours spécifique au sujet. La cure est considérée comme achevée lorsque le sujet a trouvé sa lettre.

1. Je remercie mon éminent ami Claude Hagège de m'avoir donné cette précision.

Or, indépendamment de ce point technique, je sais aussi depuis toujours le condensé que ce *H* constitue. J'en arrive à évoquer le fait que je me suis toujours interdit le rapport sexuel avec une femme arabe. Et je me dois de concéder en même temps que c'est le fantasme le plus puissant et le plus érogène dont je dispose. Je suis en effet intimement persuadé qu'au moment du plaisir une femme arabe doit hurler de magnifiques *H*. Le phonème à lui seul est particulièrement expressif. C'est le condensé suprême du plaisir le plus aigu, de la douleur la plus intense et du désespoir le plus affligeant. Il est en effet émis spontanément, comme par réflexe, dans les trois cas. J'en ai trouvé par ailleurs une autre occurrence dans un mot dont ma mère se servait pour exprimer sa tendresse : quand elle me disait *La Ihadarni*, qu'Il ne m'éprouve pas, j'en avais des frissons.

Et tout cela au volant de ma voiture !

Ça travaille pendant les séances, mais ça ne cesse pas de travailler entre les séances. De fait, cela ne cesse jamais.

Au point que, dans la foulée, je me sens renvoyé à l'acuité extrêmement grande de mes perceptions et je me surprends à me dire que, décidément, *NHass*, je sens, de *Hass*[1], sentir ! Je relève que *Hass* dit également la voix !

Arrivé à ma consultation, j'introduis une femme, enceinte de plusieurs mois, que, depuis de nombreuses semaines et à sa demande, j'écoute parler de son futur

1. Sur le plan phonématique, le « a » ne se prononce pas comme un « a », mais comme un intermédiaire entre « a » et « ê ».

bébé. En tout cas s'essayer, parce qu'elle est particulièrement muette et qu'elle passe parfois sa demi-heure à ne rien dire. Or elle s'assoit et me déclare tout de go : « Je l'aime à mort. » J'entends « Je l'ai ma mort » et je me demande le rapport que ma manière d'avoir entendu pourrait avoir avec ce que j'ai découvert autour de *Hass* = « sentir » = « voix ».

Mercredi après-midi

J'arrive assez enthousiaste à ma séance. Je fais aussitôt état de mes découvertes *H* – *Has*. Je poursuis en parlant du privilège de la perception et en particulier de la mienne qui est suraiguë. J'enchaîne sur l'importance des sensations, de la sensorialité comme constituants de la conscience d'un individu. Je mène d'ailleurs une véritable guerre aux mères pour leur faire reconnaître le droit de l'enfant à sentir de manière spécifique. Et me revient soudain un souvenir : ma mère me demandant de boire le matin un énorme bol de lait en poudre reconstitué que je détestais et que j'étais parvenu à reconnaître à l'odeur. Je déclarais que je n'en voulais pas. Elle me demandait pourquoi. « Parce que je n'en aime pas le goût. – Le goût ? voyons voir. » Elle remuait le liquide avec une cuillère qu'elle remplissait puis portait à sa bouche et me disait avec une évidente mauvaise foi et la mine la plus convaincue qu'elle pouvait prendre : « *Benntou benett louz*, son goût est un goût d'amande. » À l'école, à la récréation, on nous donnait un bol de lait identique. Mais alors qu'au prix de nausées effroyables je devais céder, tous les matins, aux objurgations de ma mère, à l'école, je me débarrassais de mon bol en le donnant à mon petit voisin, un arabe au nez morveux, qui s'appelait, qui s'appelait… Impossible malgré mes efforts de retrouver son nom ! Je ne comprends pas pourquoi. Ça a été comme pour le nom du sculpteur. J'abandonne et je reviens au souvenir. Mon camarade qui avait déjà vidé son bol se mettait à boire le mien avec délectation et moi je me disais – je suis alors interrompu par une longue et violente crise de sanglots irrépressibles : « Et dire qu'elle n'est même pas là pour voir que je peux ne pas boire ce lait. » Dans la poursuite des associations je note que, médecin d'enfants, mon premier article dans une revue internationale avait trait à la sensorialité. Je cherche une traduction du terme, j'en trouve une : *Hassan.*

Or c'est le nom de famille de ma mère.

Et c'est aussi le nom de l'enfant arabe buveur de lait !

IV. Intermède

Voilà des pages que je parle de ma mère. Et j'en reparlerai, bien sûr ! N'en ai-je pas averti dans mon titre ?

Classique !

Classique, et pas seulement pour les écrivains juifs ashkénazes, en particulier américains, qui en ont fait un filon.

Classique, si on en croit la blague juive (ashkénaze) des trois mères qui se prévalent de l'importance qu'elles revêtent pour leurs fils respectifs. Les deux premières citent les exploits inimaginables que les leurs ont accomplis pour leur faire plaisir. La troisième décide de leur clouer le bec en déclarant : « Moi, le mien, c'est vrai, il n'a rien fait de ce qu'ont fait vos fils. Mais figurez-vous qu'il va trois fois par semaine chez un grand professeur qu'il paie très cher pour lui parler de moi, de moi, de moi ! »

Classique ! La blague, quand je l'ai racontée sur le divan, n'a suscité aucune réaction.

Classique, ô combien, pour le professionnel que j'ai été quand j'ai eu à suivre pendant des décennies la manière dont les mères intervenaient dans la vie de leurs enfants et la façon dont ces enfants, même devenus parents à leur tour, se débrouillaient avec les injonctions conscientes ou inconscientes qu'elles leur avaient données.

Classique ! Nous sommes, tous autant que nous sommes et quels que soient notre sexe ou notre orientation sexuelle, les enfants de nos mères.

Classique ! J'ai été un enfant comme tous les autres enfants et ma mère a été une mère comme toutes les autres mères.

Un détail parmi tant d'autres

Comme le font, plus souvent qu'on ne pense, pratiquement tous les enfants, j'ai tenté de comprendre sa façon d'être ou de réagir, histoire de la rendre plus prévisible. Plus tard, et bien avant d'entreprendre mon analyse, j'ai tenté de décrypter les ressorts qui commandaient son comportement. En m'éclairant tout d'abord des effets, sur mes petits patients, de l'intervention de leurs mères. J'ai alors pris acte que, comme mes frères et sœurs, j'avais bénéficié d'une certaine chance dans la mesure où j'ai disposé toute ma vie d'un matériel riche et fourni. Ma mère, dont j'ai dit combien elle était bavarde, ne cessait pas en effet à la moindre occasion de raconter son histoire, celle de ses parents, de sa famille proche ou éloignée, tout comme elle le faisait des événements déterminants de sa vie, de celle de notre père, de la société dans laquelle elle avait grandi. Elle me racontait par le détail les difficultés et les joies qu'elle avait connues dans son ménage, ses démêlés avec sa belle-famille, l'enfance de mes frères et sœurs, etc. J'ai néanmoins saisi, au fil du temps, qu'elle pouvait dire beaucoup, mais qu'elle pouvait aussi taire beaucoup ou dire différemment – je l'ai signalé par exemple à propos de ce verre de lait au moment de l'agonie de mon père. J'en ai fait ce que j'ai pu pour me repérer un tant soit peu dans l'histoire qui m'était échue et dont je ne parvenais évidemment pas à m'extraire.

Je prendrai pour exemple ce détail sur lequel j'ai arrêté le chapitre précédent : la relation qu'il pouvait y avoir entre le fait que j'aie eu, et que j'aie, une sensorialité aiguisée et le nom de fille de ma mère. J'en avais déjà subodoré la possibilité vingt-quatre années auparavant.

C'était en juillet 1956. J'étais bachelier mais je n'avais pas la moindre idée des études supérieures que j'allais entreprendre. Dans le bled où j'habitais, il n'y avait personne pour m'éclairer sur les filières universitaires ou m'aider à prendre une quelconque décision. Un matin, je me suis ouvert de mon embarras à ma mère. Je lui ai fait part des options que j'avais retenues. Je voulais être instituteur ou bien professeur de lettres ou de philosophie ou d'arabe, faute de pouvoir envisager une carrière scientifique que ne me permettait pas mon bac sciences expérimentales (équivalent du bac D de l'époque de mes enfants). Elle m'a laissé parler avant de me dire : « Mon fils, l'Algérie est aujourd'hui en guerre et elle sera un jour indépendante. Nous connaissons les Arabes, il nous faudra partir. On ne sait pas où. En Israël, en France, en Amérique ? Il faut donc que tu envisages un métier qui puisse s'exercer dans tous les pays du monde. » J'ai été pris d'une immense admiration pour son intelligence et sa vision lucide de l'avenir. Ce qu'elle désignait, elle, comme une guerre et qui datait de vingt mois à peine, n'était alors qualifié que « d'événements » censés devoir rapidement rentrer dans l'ordre, toute autre perspective et *a fortiori* l'indépendance n'étant pas seulement exclues mais impensables. J'étais sûr du coup qu'elle allait me suggérer un métier et qu'il serait le certainement le bon.

– Et quel métier me conseilles-tu de faire, lui ai-je demandé ?

– Coiffeur, m'a-t-elle répondu sans hésitation.

– Coiffeur ? Tu plaisantes ? me suis-je récrié en manifestant ma déception.

– Non. Pourquoi ? a-t-elle poursuivi calmement. C'est un métier propre, qui nécessite peu d'investissement et qui peut s'exercer partout dans le monde. Parce que partout dans le monde les gens ont besoin de se faire couper les cheveux.

– Mais tu te moques de moi ! rétorquais-je encore plus déçu. Dis-moi alors à quoi aura servi que je sois bachelier.

– Tu auras de la conversation et donc beaucoup de clients.

Ce dialogue, tel qu'il est écrit, peut paraître sans intérêt, si tant est qu'il ne soit pas perçu comme une inutile plaisanterie. Or il m'a bouleversé. Et on ne peut pas même imaginer qu'il eût pu en être ainsi en raison d'un effet de traduction qui se révèle en l'occurrence comme une véritable trahison. Car coiffeur dans notre langue ne se dit pas *Haffaf* comme en algérien. Il se dit *Hassan* qui est aussi, comme je l'ai dit, le nom de fille de ma mère ! En me disant clairement avec son argumentaire à l'appui qu'elle voulait que je sois *Hassan*, elle me signifiait sans le savoir qu'elle voulait m'inscrire, si elle ne l'avait déjà fait, dans son ascendance. Je reviendrai, à un moment ou un autre de l'ouvrage, sur les raisons qui ont suscité en moi au fil des échanges un violent orage émotionnel.

Dévolution

Cette dévolution d'un enfant à l'ascendance de l'un ou de l'autre de ses parents est aussi un grand classique. J'ai eu tout loisir d'en vérifier la fréquence pour ne pas dire la constance au cours de ma carrière de pédiatre.

Elle n'a pas été repérable avant les années 1970 environ tant il semblait logique que le nom du père donné à l'enfant plaçait naturellement ce dernier dans son ascendance paternelle. Pour souterraine qu'elle était, la contestation de cet ordre n'en existait pas moins et n'en était pas moins efficiente. Je suis d'ailleurs certain qu'elle a existé depuis toujours, autrement dit depuis que les humains ont inventé le couple. Comment eût-il pu en être autrement alors que pendant le plus clair de l'histoire de l'humanité les enfants étaient l'affaire des mères et d'elles seules. Si on représente les sept millions d'années de l'histoire de l'humanité par vingt-quatre heures, il y a eu des mères depuis vingt-quatre heures et des pères, au sens plein du terme, depuis seulement une vingtaine de minutes. Ce n'est pas sans avoir laissé de trace.

Cette contestation est apparue au grand jour quand notre société, enivrée par l'idéal démocratique, a stupidement décidé pour combattre les inégalités d'effacer les différences. Elle a mis fin au statut du père qu'elle a invité à être une mère *bis*. Nombre de mères ont alors réclamé le droit d'ajouter au nom du père le leur propre, sans prendre conscience que c'était celui de leur père ! L'idée fit son chemin même si elle s'appuyait sur un argument spécieux, l'exemple des Espagnols et des Portugais qui donnent à l'enfant le nom de ses deux parents, avec cependant à chaque génération l'abandon du nom maternel. Cette disposition des sociétés ibériques n'avait rien à voir avec une plus grande prise en considération du statut des mères. Elle était simplement héritée, comme la *jota* ou l'art du jardinage, de sept siècles d'occupation musulmane et de la logique sociétale qu'imposait cette culture. Un musulman a droit à quatre épouses et chacune d'elles a pour devoir de donner à son premier fils le nom de Mohammed. Si bien qu'un monsieur Ali pouvait être père de quatre Mohammed porteurs de son nom, quatre Mohammed ben Ali. Pour les différencier, ce qui n'était et n'est pas sans importance, il fut convenu qu'il y aurait un Mohammed ben Ali et Fatma, un autre Ben Ali et Aïcha, etc. Un dispositif qui, dans ces sociétés on ne peut plus patriarcales, n'avait rien à voir avec la reconnaissance d'un quelconque droit des femmes. On sait que, aujourd'hui, toutes les possibilités de nomination sont admises et l'enfant, selon la décision de ses parents, pourra porter le nom de son père, le nom de sa mère, le nom de ses deux parents ou même un nom nouveau et inventé pour lui.

Cette incise sur la dévolution de l'enfant à l'une ou à l'autre des ascendances parentales est destinée à interroger les conséquences que peut avoir une telle décision sur le destin de l'enfant. Dans la mesure où elle peut remettre en question la place du père dont la transmission du nom depuis toujours aurait pu n'être destinée qu'à contrebalancer les avantages considérables et incontestables que la gestation confère à la mère.

Qu'est-ce qu'une mère ?
Qu'est-ce qu'un père ?

J'ai beaucoup écrit à ce sujet en m'appuyant sur ma clinique et en faisant état de travaux scientifiques et psychanalytiques. Sans convaincre grand monde. Les idéologies rendent sourds, c'est d'ailleurs à cela qu'on les reconnaît. Je ne vais donc pas récidiver. Je vais me contenter de résumer l'essentiel des données pour qu'on puisse comprendre l'importance que j'accorde à l'équilibre des investissements parentaux et à leurs conséquences sur le devenir des enfants.

La psychophysiologie fœtale a démontré, depuis les années 1970, que le nouveau-né vient au monde avec ce que j'ai appelé un alphabet élémentaire qui réfractera pour lui le monde en lui permettant de le lire.

Or cet alphabet lui vient de sa mère et seulement d'elle. Aussitôt né, il est en effet capable – et la démonstration en a été faite – de reconnaître son odeur, sa voix, le goût des aliments qu'elle aime et jusqu'à sa manière de porter. Et ce grâce aux sensations qui, recueillies au fil de la gestation par les organes des sens en développement, ont été déposées dans les aires, reliées entre elles, du cerveau sensoriel. Si, en raison de l'obscurité utérine, il n'a pu déposer aucune sensation dans l'aire sensorielle visuelle, il lui suffit de quatre heures en présence de sa mère pour la reconnaître sur photo. Cette familiarité étroite avec sa mère le met dans une relation intime et naturelle avec elle. Il n'existe en revanche aucun lien de cet ordre avec le père qui est pour lui un parfait étranger. La relation qu'il aura à lui sera une relation culturelle qui se construira progressivement, qui se greffera sur la relation naturelle à la mère et qui dépendra toujours de la manière dont la mère introduira ce père auprès de lui. C'est-à-dire de la manière dont, par son comportement, elle laissera entendre à l'enfant que cet homme compte beaucoup pour elle.

Ainsi pourvu de deux parents l'enfant sera assuré dans le meilleur des cas d'avoir en chacun d'eux un allié destiné à le protéger de l'arbitraire ou de la capture de l'autre. Si les excès de la mère sont réputés dangereux, ceux du père peuvent l'être pire encore. Or c'est en ce point qu'on retrouve l'asymétrie des potentiels parentaux. Car, du fait de l'alphabet élémentaire, l'enfant intègre correctement et sans violence les messages émis par sa mère, fussent-ils des réprimandes. À telle enseigne que tous ceux qui sont émis par d'autres personnes, y compris le père, ne peuvent parvenir jusqu'à lui, sauf à lui faire mal, qu'en transitant par la mère. Laquelle se trouve ainsi dotée d'un pouvoir de filtre. Elle peut ou non par exemple transmettre les messages du père. Le père quant à lui n'a, dans la vie de l'enfant, aucun pouvoir de cet ordre. Alors même qu'il aura eu à son insu, et à l'insu de la mère, un pouvoir de filtre pendant la grossesse. On sait en effet depuis 1984 que le placenta et le cordon ombilical sont gérés par des gènes du spermatozoïde et de lui seul. Or c'est le placenta qui, par son effet de filtre, permet à la mère et au fœtus de ne pas s'entre-tuer. Une véritable programmation de ce qu'on désigne comme la fonction séparatrice du père. Il faut noter que l'ovule comporte les mêmes gènes destinés à gérer le placenta et le cordon ombilical. Mais ils sont rendus inactifs par ce qu'on appelle une méthylation. Si tant est qu'ils ne le soient pas ou qu'ils cessent brutalement de l'être, la grossesse sera hautement pathologique et pourra tuer la gestante et le fœtus.

C'est probablement cette asymétrie de pouvoirs qui, dans l'histoire de l'humanité, et plus encore dans celle de la paternité, a conduit le père à s'appuyer, pour faire valoir son point de vue ou éventuellement l'imposer, sur le soutien du corps social. S'il n'a pas ce soutien, il est livré à l'arbitraire de la mère qui peut ou non lui conférer sa fonction. Laquelle fonction, dite donc séparatrice, consiste en résumé pour le père à tracter la mère vers lui, à lui signifier qu'elle est aussi une femme et à lui éviter ainsi de tomber dans le gouffre de la seule maternité, entraînant avec elle leur enfant commun. Ce faisant, il lui permettra d'investir aussi bien sa féminité que le couple où s'épanouit cette féminité. C'est dans le lit parental que se joue, on ne le dit jamais assez, le destin des enfants.

J'aurai fini avec ces considérations quand j'aurai ajouté deux précisions.

La gestation a habitué le fœtus à obtenir sans délai de sa mère tout ce dont il pouvait avoir besoin pour croître. La suite des soins dès la naissance le conduira à percevoir sa mère comme celle qui dit toujours *oui* à tout. Si bien qu'il ramènera à elle tous les *oui* qu'il récolte quel qu'en soit l'auteur et qu'il refusera d'en faire l'origine des *non* qui pourront lui être opposés, en eût-elle été l'auteur. Il résoudra le problème de l'origine de ces *non* en les mettant au compte de cet étranger qui rôde dans les parages. C'est pourquoi on dit, non sans raison, que tous les *non*, quel qu'en soit l'auteur, sont émis au nom du père.

On a, seconde précision, une illustration courante et efficace de cette dynamique dans les plus ou moins grandes sociétés. Le directeur général ne peut exercer son pouvoir qu'au nom du président du conseil d'administration alors même que ce dernier n'intervient pas dans le quotidien de l'entreprise.

Une dévolution n'est jamais l'effet d'un caprice

J'ai donc résumé ce qu'il en est des relations basiques pour ne pas dire idéales, très clairement démontrées et très étudiées, que l'enfant noue à ses deux parents eux-mêmes dans un lien spécifique.

Tout cela a été balayé depuis des décennies et n'a plus le moindre cours. Nos sociétés, aliénées au principe de plaisir et qui ont confondu égalité et similitude, sont en effet convaincues de pouvoir tout créer, jusqu'au sein de la procréation, par l'effet de la seule volonté sinon du caprice. Je ne sais pas ce qui attend les enfants nés dans ce creuset expérimental décrété sans danger au nom de l'amour qui y circulerait et dont on n'interroge pas la nature. Je ne serai heureusement plus là pour l'apprendre.

Mais, pour revenir à cette histoire de dévolution, je ne l'ai jamais considérée comme l'effet d'un caprice ou d'un arbitraire. J'ai toujours pensé qu'elle était le résultat de conjonctures ou de circonstances qui l'ont imposée. Si bien que, toutes les fois où j'ai eu à en percevoir l'importance, je me suis attaché à en rechercher l'origine. Laquelle, ai-je eu à relever, gît toujours dans les nœuds d'une histoire qui souvent ne laisse pas d'autre choix.

C'est pour illustrer du mieux possible ce débat que j'ai décidé de faire état de mon cas personnel au sein duquel ma mère n'a pas manqué d'être le maître d'œuvre. Je n'ai pas l'intention de dresser un portrait précis d'elle ou d'écrire scolairement sa biographie, l'une ou l'autre des options risquant de figer l'être extraordinairement vivant qu'elle a toujours été. La vision kaléidoscopique qui sortira des allusions que je ferai à elle rendra mieux compte de son histoire, cette histoire exotique que je l'ai entendue me raconter par bribes jusqu'à sa mort. Le processus ayant l'avantage de donner une meilleure idée de la manière dont elle a fait de moi l'essentiel de ce que je suis.

J'ai dit avoir été bouleversé par la découverte que j'ai faite sur le divan et qui a confirmé celle que j'avais subodorée vingt-six ans auparavant. Il y avait de quoi ! Ne serait-ce qu'en raison du récit de ma conception, qu'elle m'avait fait très tôt et qui avait eu pour moi un effet thérapeutique considérable. Mais plus encore par le fait que notre père était très présent dans le discours de notre mère : toutes les fois qu'elle se trouvait dans une conjoncture difficile, elle ne se faisait pas faute de déplorer sa disparition avec des accents déchirants. Elle était une veuve éplorée et inconsolable. Elle pestait contre le sort qui l'avait privée de ce qu'elle enviait chez telle ou telle autre mère pourvue d'un mari en disant qu'elle avait la chance, celle-là, de continuer de disposer d'un *a'moud,* le terme désignant de façon triviale dans notre langue le manche de ces pilons en bronze qu'il y avait dans toutes les maisons. Par ailleurs, nous célébrions tous les ans l'*azguir* de notre père et nous nous rendions à la synagogue pour monter à la Torah et lire le *kaddich* à sa mémoire, en plus du fait que le savant Dany lisait la *aphtara*, ce texte tiré des écrits des prophètes et toujours en rapport avec la *paracha*, la péricope, de ce samedi-là.

Et pour couronner le tout, j'avais entendu, répété plusieurs fois, le récit de ma naissance et l'histoire du prénom, à tout le moins peu courant, qui m'avait été attribué. La sage-femme qui officiait et qui devait me déclarer à l'état civil a informé ma mère qu'elle allait me prénommer Giuseppe puisqu'il était dans la tradition de donner à un nouveau-né le prénom du dernier défunt de la famille – mon père était décédé deux mois auparavant. Ma mère a refusé véhémentement en disant qu'il lui serait impossible de m'appeler par le prénom de son mari mort. Et elle a répondu à la question de la sage-femme, qui lui demandait quel prénom elle voulait me donner, que ça lui était égal. C'est alors qu'est intervenue la jeune fille de quinze ans, une nièce de mon père, que la famille paternelle avait envoyée pour assister ma mère. Elle s'appelait Esméralda. Et c'est elle qui a suggéré que, faute qu'Esméraldo existât, on pouvait se rabattre sur Aldo. La sage-femme s'en est allée et, pour on ne sait quelle raison, m'a cependant déclaré à la mairie Giuseppe (forme italienne de Joseph), Aldo. Ce qui, jusqu'à aujourd'hui, continue de me poser problème. Sans compter que, dans toutes les circonstances (bar-mitsvah, montée à la Torah, bénédictions diverses, mariage et bientôt enterrement) où religieusement je me dois de décliner mon prénom juif, qui aurait pu être Joseph, je dis que je n'en ai pas, ce que j'ai souvent entendu ma mère soutenir en public avec beaucoup de véhémence.

La mainmise de ma mère sur moi pouvait tout à fait s'expliquer par le rêve de mon père et par la malheureuse disparition de ce dernier. J'étais le produit de l'union dont elle m'avait fait le récit et qui la mettait en position de faire office et de mère et de père. Mais jamais je ne l'aurais imaginée vouloir me dévoluer à sa seule histoire malgré mon prénom officiel et mon second prénom qui convoque la jeune Esméralda, *deus ex machina* à son insu de la lignée paternelle.

V. Une stature, des mots et des maux

Au sortir de cette séance du mercredi après-midi qui avait été si riche, je suis donc allé voir ma mère. Pas du tout en raison de ce que je venais de découvrir mais comme je le faisais toujours depuis de nombreuses années.

C'est moi, et moi seul en effet, qui l'avais en charge. Non que je l'eusse voulu, tant s'en faut, mais parce qu'elle estimait, elle, qu'il devait en être ainsi, et pas autrement. J'étais son dernier fils et elle avait décidé, depuis toujours, que je serais son « bâton de vieillesse ». Celui qui, pour le dire autrement mais sans insister, aurait dû la recueillir chez lui, dans sa maison, si les choses étaient restées dans l'ordre qu'elle aurait souhaité. C'est-à-dire si j'avais épousé une femme de « chez nous », une Libyenne, devait-elle penser, en lieu et place de cette ashkénaze française, « une allemande », qui ne comprenait rien aux mœurs traditionnelles, les seules sensées, dans lesquelles, *nolens volens*, j'avais été inscrit.

Il est vrai que mon épouse n'hésitait pas à dénoncer le côté illogique desdites mœurs dans la mesure où, disait-elle, la cohabitation de deux femmes, quand une mère est recueillie par sa fille, pose bien moins de problèmes, ne serait-ce que concrets, que la cohabitation d'une mère et de son fils. Ce à quoi je ne trouvais évidemment rien à redire. On imagine néanmoins la sourde culpabilité dans laquelle m'a longtemps versé la double loyauté à laquelle je ne parvenais pas à échapper. Je ne m'en suis affranchi que des dizaines d'années plus tard lorsque je me suis formé à l'anthropologie. En réclamant d'être recueillie par un fils, ma mère se référait implicitement aux règles du système de parenté[1] soudanais[2] dans lequel l'avait inscrite sa culture. Mon épouse était inscrite, elle, par sa culture, dans le système de parenté eskimo. Quant à moi, si j'adhérais rationnellement à la position de mon épouse en raison de la culture occidentale qui était devenue la mienne, je ne pouvais pas délibérément condamner le souhait de ma

1. Il existe six systèmes de parenté à la surface du globe. Chacun d'eux organise de façon spécifique les liens parentaux et l'assignation de résidence des couples qui se forment. Ceux qui intéressent la partie la plus importante de l'humanité sont le système eskimo et le système soudanais. Le système eskimo est retrouvé dans les pays occidentaux et le système soudanais, dans les pays arabo-musulmans et dans nombre de pays asiatiques. Leurs spécificités ont été établies à partir des noms affectés aux liens familiaux. Le mot « oncle », par exemple, désigne dans le système eskimo le frère du père, le frère de la mère et les époux des tantes maternelle et paternelle. Dans le système soudanais, ces différents personnages ont des noms spécifiques. Dans le système hawaïen, tous les oncles sont appelés père et toutes les tantes mère.

2. Ce système très répandu à la surface du globe explique par exemple la dénatalité qui affecte le Japon. Les femmes refusent en effet de plus en plus de se marier, et donc de procréer, pour ne pas avoir à prendre en charge leurs beaux-parents vieillissants comme l'exige la tradition, laquelle continue de régir les alliances familiales – il n'y a pas de droit de la famille au Japon – malgré la greffe opérée sur elle dès 1860 de la culture occidentale.

mère restée rétive à toute greffe. J'ai passé notre vie commune à tenter de négocier avec ce double lien en ménageant la chèvre et le chou.

Indépendamment de ce détail et quelle que soit son importance, mes frères m'ont par ailleurs signifié, dès l'arrivée de la famille en métropole en 1962, qu'ils avaient accepté jusque-là de prendre en charge la famille, et en particulier notre mère, en me permettant d'entreprendre des études et d'être ainsi « en vacances », selon leur expression. Il me fallait dès lors apurer la dette que j'avais contractée à leur endroit et jouer le rôle qu'ils avaient joué dès avant ma naissance.

Je ne pouvais pas me soustraire à mon devoir. Et sans doute l'aurais-je rempli de bon cœur dans la logique naturelle du don et du contre-don. Mais j'ai regretté de voir ma disposition versée au rang d'une dette. Une dette ne prend pas en considération l'élan naturel. Introduisant les notions de compte, d'intérêts et d'apurement, elle se déploie dans la défiance et affleure un asservissement.

Le discours de mes frères a ravi ma mère et elle en a profité pour m'asservir sans que j'eusse pu me révolter. À la moindre de mes hésitations, elle ne se faisait pas faute de me renvoyer à ma dette. Aussi ses comportements et ses exigences ne lui paraissaient-ils jamais excessifs. Elle m'appelait au téléphone aussi bien pendant ma consultation qu'en pleine nuit toutes les fois qu'elle était angoissée, et il en fallait peu pour qu'elle le fût. Je tentais d'en appeler à sa raison et de négocier avec elle une manière plus simple de procéder. C'est alors qu'elle me faisait remarquer sa solitude et son isolement linguistique. « Tu t'en vas déjà ? C'est une vraie visite de docteur que tu me rends. Tu ne pourrais pas me consacrer un peu de temps ? Sois avec moi comme tu es avec tes amis. » Il n'y avait que mes visites et nos échanges, ajoutait-elle, qui la tiraient de la monotonie de son existence, moi qui étais tellement au centre de sa pensée qu'elle ne cessait pas de me bénir. Elle ne se faisait d'ailleurs pas faute de vanter régulièrement mes mérites à mes sœurs et à mes frères. Ces derniers s'avisèrent un jour, très tardivement ajouterai-je, de lui suggérer de me dispenser de ma troisième visite de la journée, celle du soir, quand, deux fois par semaine, chacun d'eux lui rendait visite après son travail, seul ou accompagné de son épouse. Elle leur répondit que, s'il devait en être ainsi, ils n'avaient qu'à rester chez eux. Parce qu'elle était souvent malade, arguait-elle, ce qui était vrai, et que ma condition de médecin la rassurait. Puis elle ajoutait que moi, à rebours d'eux, j'étais toujours patient, prévenant et que je faisais tout ce que je faisais avec beaucoup de simplicité et beaucoup de cœur. C'était en partie vrai, mais en partie seulement car je passais mon temps à chercher le moyen d'alléger ma tâche, sachant par avance que tout conflit ne ferait que l'alourdir.

Je pense que je n'aurais jamais pu supporter une situation aussi astreignante sans la force de mon lien conjugal, de l'amour et de la compréhension qui y circulaient. Comme en témoignaient des épisodes qui se sont répétés des années durant.

Quand elle était encore valide, et elle l'a été longtemps sans être gênée par son importante obésité, elle faisait ses courses et son marché quand elle n'allait pas s'attabler une ou deux heures au café de la Place pour faire une pause dans ses travaux de couture. Elle excellait en effet à tout faire dans ce registre. Elle avait rapporté d'Algérie sa vieille machine à coudre Singer à pédale, mais, dès qu'elle fut installée, elle me demanda de la conduire acheter une machine à coudre électrique. Elle habillait ses filles, elle se faisait ses robes, ses sous-vêtements, ses manteaux d'hiver et d'été. Mais aussi ses doubles rideaux, ses taies d'oreiller, ses couvre-lits dès qu'elle eut découvert le marché Saint-Pierre où elle me reprochait de ne pas la laisser des heures. Il lui arrivait aussi de prendre une ou deux fois par semaine le métro. Elle s'était repérée pour rejoindre sans se tromper la ligne 7. Elle laissait passer du temps pour être sûre d'être allée assez loin de la maison et elle descendait à une station au hasard. Elle se promenait une heure ou deux quand elle n'entrait pas dans un cinéma. Mais, ne sachant pas lire, elle ne savait jamais comment revenir. Elle entrait alors dans un bistrot, commandait « café » puis disait « téléphone ». Elle composait le numéro de mon cabinet qu'elle connaissait par cœur et elle me demandait de lui envoyer ma femme la chercher. Elle faisait signe au garçon qui prenait l'écouteur et me donnait l'adresse. Mon épouse ne rechignait pas à aller la chercher, ça l'amusait même et elle ne cachait pas son attendrissement et son admiration pour ces escapades, sauf que, faute d'une langue commune, elle ne pouvait rien lui en dire.

Il me revient, à propos de cinéma, que pendant quelques mois elle avait renoncé à y aller comme elle le faisait deux ou trois fois par semaine. C'était à l'époque, au milieu des années 1970, mais je ne sais plus la date exacte, où pratiquement toutes les salles de cinéma se sont mises à projeter des films pornographiques. Toujours faute de savoir lire, elle s'était trouvée deux ou trois fois devant un écran où figuraient des choses « qui auraient dû écorcher vif le visage des personnes qui les avaient inventées et qui osaient les infliger aux spectateurs ». Rouge de colère, elle sortait précipitamment et fuyait le lieu.

On peut aussi se demander comment cette illettrée ne parlant pas français pouvait trouver un intérêt aux films dont elle ne comprenait pas la langue. C'est la magie de l'image. Elle y était sensible comme chacun. En témoignaient les récits qu'elle me faisait le matin du film qu'elle avait vu la veille à la télévision. Si le scénario en était de qualité, elle me racontait correctement le film. Sinon, elle me racontait un film tout autre dont elle avait inventé un scénario compatible avec les images qu'elle avait vues.

Dans le même ordre d'idée, elle n'a pas cessé, des années durant et dès son arrivée à Paris, de me demander de l'emmener à l'Opéra. Mon père lui en aurait beaucoup parlé quand il évoquait la France et surtout Paris. Ça me semblait au-dessus de mes forces et j'ai longtemps fait la sourde oreille. Bien que très mélomane, je n'avais aucune culture opératique et je crois que je détestais cela. Puis je me suis un jour résolu par lassitude à la satisfaire. Mon épouse, réjouie parce qu'elle aimait beaucoup l'opéra, s'est chargée de tout. Nous avons assisté à une représentation des *Contes d'Hoffmann* qui n'a fait que me conforter dans mon aversion. Je ne trouvais aucun intérêt à regarder des individus costumés mais figés qui s'évertuaient à lancer leur chant, au demeurant incompréhensible, en direction du public. Je n'aurais jamais imaginé à l'époque que je deviendrais un jour un accro et que mon fils chanterait le rôle des quatre méchants de ces mêmes *Contes d'Hoffmann* sur toutes les grandes scènes du monde. Elle, elle a été enchantée à tous les points de vue et elle a continué des années durant de me demander une autre soirée comme celle qu'elle avait vécue.

Le regret que je garde de ma surdité à cet égard est l'un des seuls moments où je me souviens de ne l'avoir pas satisfaite, le second étant encore plus douloureux.

Sur le tard, elle m'a un jour demandé de lui apprendre à lire. Je lui ai fait valoir que ça n'avait aucun sens puisqu'elle s'était évertuée à ne pas parler français. Elle a insisté. J'ai accepté. Je lui ai appris l'alphabet. Puis, quand elle l'a su aussi bien en minuscules qu'en majuscules et en script, j'ai commencé à lui apprendre les syllabes. Et, pour l'entraîner, je lui ai apporté des revues avec des gros titres. Passant chez elle un jour où j'avais très peu de temps en plus d'être tendu, elle a ouvert, enthousiaste, une revue où elle a commencé à ânonner une phrase qui s'étalait sur deux pages. Elle en était à peu près à la moitié quand j'ai lu à haute voix la suite. Elle s'est arrêtée, elle m'a regardé gravement, puis elle m'a dit sur un ton très triste : « Oui, toi, on sait que tu sais lire. » Elle ne m'a plus parlé de lecture.

Des étapes

Ce sont des considérations générales que je viens de rapporter. Elles me sont venues par ces associations d'idées par lesquelles j'ai décidé de me laisser conduire.

Tout ce à quoi j'ai fait allusion s'est étendu sur des dizaines d'années et a évolué dans une cohérence jamais prise en défaut. Ma mère a assumé jusqu'à la fin de sa vie sa fonction de chef incontesté de la famille. Veuve à trente-quatre ans et mère de sept enfants vivants sur les dix qu'elle avait mis au monde, elle a affronté l'extrême précarité matérielle de la famille en menant sa barque d'une main de fer et en ne cessant jamais de rappeler vertement chacun à son devoir. Quand surgissaient des conflits violents, surtout avec ses aînés, elle les affrontait en leur jetant à la face : « N'oubliez pas que vous êtes sortis de moi au milieu de la merde et de la pisse ! » *Inter faeces et urinam nascimur*, disait saint Augustin dont elle ne savait rien ! Elle avait d'ailleurs trouvé un moyen commode d'imposer ses décisions en conférant très tôt à notre aîné le pouvoir sur tous ses puînés, au deuxième le même pouvoir sauf sur l'aîné, à la troisième la même chose sauf sur ses deux aînés, et ainsi de suite. Un système antidémocratique qui ne l'empêchait cependant pas de recueillir parfois l'avis des uns ou des autres, étant entendu que la décision ultime lui appartenait toujours quitte, en cas de difficulté, à diviser pour mieux régner.

C'est ainsi que, bien des mois avant l'indépendance de l'Algérie et dans la perspective d'un départ qu'elle avait jugé inévitable, elle avait pris l'initiative d'envois de colis à mon adresse parisienne. Si son état d'esprit était celui de la majorité de la population, il ne devait pas se manifester. D'un côté, le FLN déclarait ouvertement que c'était « la valise ou le cercueil », et de l'autre, l'OAS laissait entendre qu'elle punirait les défaitistes. Les boîtes de biscuits en fer-blanc envoyées au fils étudiant ne pouvaient pas lui valoir une dénonciation en attirant l'attention des postiers de notre petite ville. Elles contenaient du linge, des draps, des nappes, des serviettes, des taies d'oreiller, de la vaisselle, des couverts, des verres et tout ce qui pouvait transiter par la poste. Elles avaient fini par occuper la moitié de ma chambre d'étudiant.

Puis un matin à l'aube, début juin 1962, alors que rien n'aurait pu me le laisser attendre, elle m'a appelé d'Orly où elle venait de débarquer avec mes deux dernières sœurs. Je suis allé la chercher avec une 4 CV[1] dont je disposais par chance, un ami me l'ayant prêtée la veille. Aussitôt qu'elle y est montée, elle m'a reproché de n'avoir pas acheté une voiture plus grande. Elle était persuadée que, malgré son interdiction et celle de mes frères, j'avais acheté une voiture sans rien en dire, tout comme elle était persuadée depuis des années que j'entretenais une relation avec une femme à qui j'avais fait un petit garçon. C'était sa manière de m'amener à reconnaître des choses que j'aurais pu

1. Une toute petite voiture Renault à peine plus grande qu'une Smart.

vouloir lui cacher : « Pourquoi me caches-tu ce que je sais déjà ? » aurait-elle pu me dire, assumant sa fonction de mère-sorcière. En tout cas, là, dans la voiture, il était évident pour elle que j'allais la conduire dans un hôtel qui lui conviendrait, quand bien même lui avais-je dit que rien ne m'était plus étranger que les hôtels. C'était son style. J'ai toujours résumé son attitude en disant d'elle qu'elle me posait des problèmes en principe impossibles à résoudre tant ils affleuraient celui de la quadrature du cercle. L'étrange ayant été que je les résolvais toujours, comme si son exigence tranquille en balayait les difficultés et me contraignait à l'exploit.

J'ai roulé dans Paris. Elle manifestait son émerveillement en disant que Dieu l'écoutait toujours. Quand elle était venue me voir, seule, trois ans auparavant, elle déplorait que les si beaux immeubles de cette si belle ville fussent tellement sales qu'ils en étaient noirs. Or les voilà bien propres – résultat de la politique de ravalement lancée par de Gaulle. Dieu avait entendu son souhait et il l'avait exaucé puisqu'il l'avait conduite à cette étape.

Je guettais la moindre enseigne d'hôtel. Je me suis arrêté au premier que j'ai remarqué. Je ne suis pas descendu avec pour seule mission de retenir une chambre pour trois personnes, mais de négocier aussi avec l'hôtelier la possibilité de cuisiner dans la chambre. Mission accomplie ! Elle avait tout pour être satisfaite. Je l'ai laissée avec mes sœurs pour aller chercher les valises que j'avais laissées à la consigne. J'ai pris soin de lire l'enseigne de l'hôtel pour le retrouver à mon retour.

C'était l'hôtel de France et d'Algérie. J'ai trouvé ça étrange et amusant à la fois.

Elles y sont restées une douzaine de jours. Les parents de ma future épouse avaient réussi à leur trouver un appartement de deux pièces dont leurs amis qui en étaient propriétaires étaient partis pour l'étranger pendant plusieurs mois.

Mes frères et leurs familles arrivèrent dans les jours suivants et j'ai dû consacrer mon temps à les guider dans la recherche de fonds de commerces ou d'hôtels – ils penchaient pour cette option, surtout l'aîné, tailleur, qui en avait assez de « tirer l'aiguille » – à acheter pour recouvrer une situation professionnelle.

Comme j'avais un motif valable pour ne pas m'occuper autant d'elle, elle prit appui sur mes sœurs pour lire les annonces immobilières et visiter des appartements. Au bout de quelques semaines elle annonça à Dany, le commerçant, qu'il devait négocier pour elle l'achat d'un appartement de trois pièces, place d'Italie, qui lui avait plu – et dans lequel elle a habité jusqu'à la fin de sa vie. À notre étonnement commun, elle a payé elle-même son achat, au comptant et en liquide. Moi, ça m'a stupéfié. Jamais, au grand jamais, je ne l'aurais crue si riche. Dany, lui, m'a semblé ne pas être étonné. Il est vrai que depuis des dizaines d'années ils faisaient des affaires ensemble. Des affaires d'une allure spéciale, dois-je préciser. Il m'est arrivé parfois d'assister à leurs négociations. Il venait la voir en lui expliquant qu'il était sur une affaire dont il lui exposait en termes engageants les tenants et les aboutissants en ajoutant qu'il ne pouvait pas la conclure faute de trésorerie. Il lui proposait une association avec partage des bénéfices à hauteur de leurs mises de fonds respectives. Non seulement elle marchandait les pourcentages, mais elle ne s'engageait que si elle jugeait l'affaire intéressante. Et avec une clause féroce : il devait s'engager, si l'affaire capotait, à lui rembourser sans discuter sa mise de fonds. Elle voulait bien gagner mais jamais perdre. C'était la même chose quand elle jouait aux cartes, ou au Mikado avec mes enfants. Elle trichait, ce qui rendait mon épouse, qui se contenait cependant, folle de rage. J'ai fini par apprendre par le détail que son commerce avec Dany avait cette allure depuis qu'il s'était lancé dans ce genre d'activité, déjà en Libye, à l'âge de douze ans. Exclu du système scolaire à cause du *numerus closus* appliqué aux juifs, il travaillait comme garçon de courses dans un bazar. Il vint lui dire que le bazar vendait les cartes postales quatre fois plus cher qu'il ne les achetait. Si elle acceptait de lui avancer une petite somme, il en achèterait un lot pour son propre compte et il les revendrait dans la rue seulement trois fois plus cher. Elle accepta et c'est ainsi que, passant aux lacets de chaussures, aux cravates, aux mouchoirs et aux boutons de manchettes, Dany commença à édifier sa première fortune. Il continua le reste de sa vie dans la voie du commerce en association ou non avec sa mère qu'il savait toujours être une bonne conseillère. Il eut à s'en féliciter un jour, alors qu'il avait vingt-cinq ans. Il avait acheté un café avec un associé qui aurait pu être son père et il s'était aperçu que l'associé puisait dans la caisse. Il vint la voir pour lui demander conseil. Elle lui répondit qu'il ne pouvait rien faire sauf à prendre l'associé en flagrant délit. « Ne cesse pas de le surveiller sans qu'il s'en aperçoive, mais le jour où tu voudras intervenir, bois pas mal d'alcool pour être presque saoul. Si tu le prends sur le fait de façon irrécusable, tu ne te seras pas saoulé pour rien. Mais si tu as commis une erreur, tu t'excuseras en mettant ton comportement sur le compte de ton ébriété. » Ainsi fit-il et résolut-il son problème en ayant pris l'associé en flagrant délit de vol.

Mais, en dehors de ces affaires dans lesquelles elle acceptait de s'engager, elle avait une autre source de revenus. Elle taxait ! Mes frères devaient lui verser, sans qu'elle eût à leur en rendre des comptes, une somme hebdomadaire, proportionnée à leurs revenus, pour les dépenses quotidiennes. Méfiante on ne peut plus, elle avait traîné Bramino avant son mariage devant un juge de paix pour lui faire signer un acte par lequel il s'engageait à continuer de verser sa contribution hebdomadaire et à participer à la dot et aux frais de mariage de ses sœurs. Elle justifiait sa précaution par le fait qu'on ne sait jamais comment un état de fait pouvait évoluer quand une étrangère entrait dans la famille. Dany dut signer avant son mariage un acte identique, à ceci près que le montant de ses contributions était le double de celui de son frère. J'ai dû moi-même m'exécuter avant mon mariage et ma contribution avait été fixée à la même hauteur que celle de Dany. J'ai cependant posé une condition : j'exigeais d'ajouter à la contribution qu'elle m'avait fixée le montant de celle de Bramino qui devait être en contrepartie libéré de la sienne. Si j'ai pris cette décision seul et que je n'ai pas cherché à en négocier la moitié de la charge avec Dany, c'est en raison de la relation que Dany avait avec l'argent et de la jalousie qu'il nourrissait à l'endroit de Bramino et de moi-même, malgré une générosité paradoxale, ostensible et incontestable. Elle ne cessait pas de m'avertir contre lui. « Méfie-toi de lui et vérifie les comptes qu'il te donne, c'est un voleur », me disait-elle. Et quand je lui répondais que, si c'était vrai, il pouvait me voler autant qu'il le voudrait et que ça m'était égal parce qu'il m'avait élevé, elle me répondait qu'il n'avait pas eu le choix et qu'en toutes circonstances l'argent restait l'argent. Sa pénétration et sa manière de se soucier de chacun de nous ne cessaient pas de m'étonner. Elle me dit un jour être inquiète pour Bramino : « Il n'arrête pas de dire qu'il est heureux. » Et comme je lui rétorquai qu'elle devait se réjouir d'un tel propos, elle ajouta : « S'il répète ça sans arrêt, c'est qu'il ne l'est pas et qu'il cherche à s'en convaincre. » Ce type de réflexion lui était si naturel et si fréquent que mes filles ont décrété un jour qu'elle était la cousine de Freud.

Cet appartement de la place d'Italie a sûrement constitué une étape très importante dans sa vie. Elle était propriétaire pour la première fois, elle qui avait habité des taudis à Benghazi, elle qui avait dû se contenter pendant cinq ans d'une misérable cave à Orléansville où le sort nous avait jetés à notre arrivée en Algérie, elle qui avait dû s'accommoder par la suite de locations pas toujours satisfaisantes. Et le tout à Paris qu'elle avait rêvé d'habiter depuis l'époque où notre père lui en parlait, histoire sans doute de rehausser sa stature en rappelant sa nationalité française. Elle était arrivée là où elle devait arriver. Sa stabilité et le sentiment de sécurité qu'elle en a acquis l'ont sans doute plus encore ancrée dans l'étrange vécu qu'elle s'était forgé : le lieu où elle était importait sans doute peu puisqu'elle continuait de vivre à Benghazi. Nous n'avions rien compris à cela. Nous nous étions faits à l'idée que nous avions une mère linguistiquement handicapée que nous devions aider en nous faisant ses traducteurs. J'évoquais un jour le fait sur le divan et je plaidais notre culpabilité en disant que c'est à cause de nous qu'elle n'a pas fait l'effort d'apprendre la langue. Là-dessus, le muet Jean C. me dit : « Non pas “à cause” mais “grâce à”. » Ce fut l'intervention la plus décisive de ma cure. Tout mon monde et mon mode de penser en furent radicalement retournés.

C'est probablement pour tout cela que cet appartement a été très longtemps et sans discussion notre centre de ralliement, même quand nous avons été tous installés et que la famille s'est agrandie par les mariages et les naissances. Toutes les fêtes du calendrier juif s'y déroulaient et selon l'étiquette intransigeante de la ritualiste qu'elle était. Dany assurait le ravitaillement, auquel il me faisait participer à moitié, les filles et les belles-filles étaient convoquées aux préparatifs et elle régissait tout cela avec une autorité que nul n'aurait pas même eu l'idée de contester.

Ainsi a-t-elle occupé longtemps son rang de matriarche et trouvait-elle naturelle la forme de culte dont elle avait conscience d'être l'objet.

En témoigne un épisode survenu à sa toute fin de vie. Lui rendant visite un matin, je l'ai trouvée devant l'évier de sa cuisine. Elle semblait épuisée. Mais, s'appuyant sur ses avant-bras, elle continuait, toute voûtée qu'elle était, de récurer une marmite avec une paille de fer. Elle était d'une propreté méticuleuse. Dans ses prières, elle n'oubliait jamais de souhaiter mourir avant d'être devenue incontinente. Son intérieur était éclatant, sans un grain de poussière. Ses ustensiles de cuisine, dont certains dataient d'un siècle, étaient comme neufs et elle mettait un point d'honneur à ce que tout dans sa maison respirât l'ordre. Je lui ai dit : « Pourquoi, fatiguée comme tu l'es, t'épuises-tu ainsi pour une si vieille marmite ? Je peux t'en acheter une neuve. » Elle m'a répondu : « Laisse-moi, laisse-moi, mon fils ! Il n'y a plus que sur les objets que je peux encore nourrir l'illusion d'avoir un brin de pouvoir. »

À quoi faisait-elle allusion ? Sinon à son passé. Son passé de mère adulée, comme le sont toutes les mères ? Certes, mais plus encore son passé de gloire, son passé de lutte, que nous avions tous en mémoire et pour lequel nous lui gardions une reconnaissance infinie.

Je peux, à partir de mon seul vécu parce que je ne peux rien dire du temps d'avant, le décliner dans une série de brefs souvenirs plus émouvants les uns que les autres.

Son attitude et ses initiatives pendant la guerre. La course aux abris pendant les bombardements. La recherche de subsistance – fabriquer des délices avec de l'orge, des chardons ou des fèves. La lutte contre la faim en mendiant auprès des soldats dont il lui importait peu qu'ils fussent anglais, allemands, italiens ou australiens. La recherche de refuges ou de lieux sûrs pour fuir la ligne de front qui nous ont fait déménager dans une arrière-cour d'El Marj avant de trouver une baraque de bois à Lithêmê, puis une autre à Soukna, pour finir par réintégrer notre maison, la seule du quartier à n'avoir pas été détruite, à Benghazi. Ses contemporains en avaient fait des chansons dont je me souviens encore – le moyen dans le pays de diffuser les nouvelles.

Puis ce long voyage de rapatriement, de juin à août 1942, quand les Italiens nous ont renvoyés dans la France la plus proche, l'Algérie, parce que nous avions conservé la nationalité française que mon arrière-grand-père avait amenée avec lui au moment où, jeune rabbin de dix-neuf ans marié à une jeune fille de quatorze ans née à Jérusalem, il était parti d'Oran pour rejoindre sa belle-famille, sans savoir qu'il allait s'arrêter à Tripoli pour ramener la population juive libyenne au judaïsme qu'elle s'était mise à ignorer. Ce rapatriement qui ressemblait plus à une migration et pendant lequel elle a dépensé des trésors d'inventions pour masquer sa propre angoisse et nous protéger de la nôtre. Ces transports qui nous tassaient dans des camions et des wagons à bestiaux. Son souci constant de nous compter à chaque arrêt et à chaque départ, de vérifier que nous avions de quoi boire et manger, d'être la dernière à s'endormir et la première à se lever.

Pour finir par être maltraités par la communauté juive d'Orléansville qui nous a accueillis avec deux autres familles et qui nous a ostracisés en nous collant à jamais l'étiquette méprisante de réfugiés. La manière dont elle a su gérer au mieux notre vie dans cette cave immonde d'une vingtaine de mètres carrés où nous avons vécu pendant cinq ans, à huit puis à sept après le décès de Chaoul, sur lequel je reviendrai. La manière dont elle nous a alors soudés les uns aux autres, assurant notre cohésion indéfectible, en nous réunissant tous les soirs autour de son corps, auquel chacun avait accès, et en nous racontant successivement, des années durant, *Les Mystères de Paris*, *Le Comte de Monte-Cristo* et *Les Mille et Une Nuits*. La manière dont elle a forgé notre psyché en commentant toute situation par de savoureux aphorismes ou au moyen de contes et d'histoires dont elle avait un stock inépuisable. La bataille qu'elle a menée pour éviter aux grands frères de devoir partir à la guerre. La manière dont elle a refusé de repartir en Libye quand ce fut possible en arguant que c'est contrainte et forcée qu'elle avait abandonné la tombe de son mari à Benghazi mais qu'elle ne pouvait pas abandonner volontairement la tombe de son fils que cette terre avait « mangé ». La manière dont elle nous a gérés une fois de plus en nous réveillant à la première secousse – « *Qoumou, qoumou, terremoto* » avait-elle hurlé, nous réveillant brutalement et nous faisant sortir de la maison avant qu'elle s'écroule sous nos yeux deux minutes plus tard – au moment de ce tremblement de terre de septembre 1954 qui a détruit Orléansville, qui nous a fait tout perdre et qui nous a relancés sur les routes[1].

Le rapatriement en métropole enfin où elle a veillé à ce que nous ne nous dispersions pas et que nous restions unis et solidaires.

1. J'ai raconté en détail nombre de ces faits dans *Des bouts d'existence*, *op.cit.*

Oui, en disant nourrir, sur les seuls objets, l'illusion d'un pouvoir, exprimait-elle la nostalgie de celui qu'elle avait exercé incontestablement sur nous ? Ou bien faisait-elle état de sa crainte de nous voir être à la merci de ces forces centrifuges, introduites par nos alliances conjugales, qui pourraient nous désunir ?

Comment aurions-nous pu nous affranchir délibérément de tout cela ?

Comment, même à devoir subir parfois ce qui ressemblait à un joug, pouvions-nous ignorer ce que nous lui devions et ne pas lui en être instinctivement reconnaissants ?

Pour ce qui me concernait, son état d'esprit m'a valu un asservissement supplémentaire : je devais impérativement dîner avec elle le vendredi soir – « Il faut bien que quelqu'un me fasse le *kiddouch* » – et déjeuner le samedi midi. Son observance n'avait pas grand-chose à voir avec la foi. Elle priait en allumant les bougies de shabbat et se pliait à tous les rituels dont elle avait une grande connaissance. Mais elle avait son Dieu à elle, avec lequel elle discutait, auquel elle posait des questions, contre lequel il lui arrivait parfois de protester au point que son attitude fleurait singulièrement la superstition. Un jour, à Saint-Pierre de Rome, elle attendit debout pendant plusieurs minutes que le pape vînt donner sa bénédiction. Comme, pressé de m'en aller, je lui faisais remarquer que c'était le pape et pas un rabbin, elle me répondit que toute bénédiction était bonne à prendre quel qu'en fût l'auteur. Elle ajoutait à propos du vendredi soir qu'elle me faisait faire un peu de religion, sachant que mon épouse y était réfractaire, que je ne mangeais pas *cacher* et que surtout, elle ne le disait pas, chez moi je ne mangeais pas assez. « Ces femmes d'ici qui se privent et qui privent pour avoir la stupide "ligne" alors que rien n'est plus beau que les formes rondes ! » Je subissais la situation toujours dans le même objectif de ménager la chèvre et le chou et j'ai eu la chance, je le répète, de trouver chez mon épouse une réelle compréhension de la problématique à laquelle j'étais confronté.

Dépendance

Qu'ajouterais-je au tableau général que j'ai brossé de ce que furent les relations que nous entretenions entre frères et sœurs et avec elle ?

Un détail peut-être : où que nous ayons été notre famille se résumait à nous. Nous n'avions pas plus d'oncles que de tantes ou de cousins. À Orléansville ou à Relizane, les membres de la communauté juive étaient apparentés entre eux. Nous, nous étions les seules références les uns pour les autres et nous ne cessions pas de cultiver ensemble, et chacun à sa manière, une réelle allégeance à notre mère qu'en raison de cette aventure, dont j'ai brossé les grandes lignes, nous avions sincèrement érigée au rang d'héroïne. J'aurai encore à revenir sur tout cela quand l'occasion m'en sera donnée. Pour l'instant, je me contenterai de signaler que, le temps faisant son effet, son état de santé s'était dégradé de différentes manières.

Elle avait eu en particulier une cataracte bilatérale invalidante qu'elle refusait néanmoins de faire opérer. Si elle avait une bien piètre opinion des médecins, elle nourrissait une défiance insurmontable à l'égard des chirurgiens, qu'elle haïssait. Je l'avais conduite chez différents ophtalmologistes en espérant que l'un d'entre eux trouverait peut-être un moyen de mobiliser sa confiance, de la rassurer et de l'amener à accepter l'intervention. Pour lever la difficulté du dialogue dans lequel je faisais toujours office de traducteur, je l'ai conduite chez un collègue pied-noir qui parlait arabe et pouvait s'adresser directement à elle. Rien n'y a fait. Elle m'a un jour demandé de prendre rendez-vous avec un grand professeur à qui je devais impérativement cacher mon statut de médecin. Je lui ai dit que ça ne changerait rien, qu'il lui dirait la nécessité de l'opération, mais je l'ai fait. Et le professeur m'a dit que sa cataracte était tellement opaque que, de fait, elle était aveugle. Quand il sut qu'elle vivait seule et qu'elle allumait, seule, son gaz, il déclara qu'il voyait dans tout cela la preuve de l'existence de Dieu.

Elle a continué de vivre ainsi et elle est tombée un jour, se fracturant le poignet droit.

Elle a fini par se faire opérer de sa cataracte, mais dans des circonstances et des conditions assez incroyables. Elle s'est débrouillée pour aller consulter à l'hôpital pendant que j'étais parti en vacances. Il fallait impérativement que je fusse hors circuit. Elle ne se défiait pas de moi, mais de ma femme qui connaissait tous les médecins que je fréquentais et qui aurait pu comploter avec eux pour les amener à la tuer – comme ses autres belles-filles au demeurant. Elle n'a pas demandé à un de mes frères de l'accompagner et de lui servir de traducteur, d'eux aussi elle se méfiait. Elle s'est fait accompagner de ma sœur Yolande et sans doute son choix a dû survenir au terme d'une longue réflexion. Ma sœur Yolande était ce qu'en termes médicaux précis on appelle une « crétine ». Le terme a été adopté par la médecine pour désigner les individus venus au monde sans glande thyroïde. La glande thyroïde sécrète les hormones thyroïdiennes qui ont des propriétés multiples dont l'une des plus importantes est le contrôle de la croissance physique et de la maturation psychique. Si on ôte cette glande à un têtard il ne devient jamais grenouille. C'est moi qui ai fait, en troisième année de médecine, chez Yolande qui avait alors vingt-cinq ans, le diagnostic qu'aucun médecin n'avait jamais fait de l'absence de thyroïde. Elle en avait tous les signes. Elle était petite de taille et très limitée sur le plan affectif et surtout intellectuel. Ce n'est pas elle qui aurait conçu l'idée tordue de tuer sa mère ! Si je donne toutes ces précisions, c'est pour permettre d'imaginer le tableau : une vieille femme obèse et manifestement méfiante sinon agressive, ne disant pas un mot de français, accompagnée d'une fille obèse, demeurée et bègue par surcroît ! Le collègue a dû se sentir accablé. Je ne sais pas comment elles ont fait mais ma mère a obtenu d'être opérée sous anesthésie locale. Je l'ai retrouvée à mon retour voyant de nouveau, d'un œil, le droit. Elle m'a raconté le calvaire qu'elle avait vécu, et qui lui a fait renoncer de se faire opérer de l'autre œil, avant de me demander de l'accompagner la semaine d'après à sa consultation de contrôle. Ce que j'ai fait. Sur son dossier il y avait écrit en rouge un grand Psy, la lettre grecque conventionnelle pour désigner les fous. Elle avait été soignée, toute folle qu'elle ait été étiquetée. Je me suis surpris à me demander si j'avais un jour croisé quelqu'un qui ne fût pas fou.

Je ne saurais assez rapporter par ailleurs les soucis de santé qu'elle n'a pas cessé d'avoir. Elle était incontestablement usée et je ne pouvais pas me soustraire à ses doléances. N'étais-je pas et médecin et son fils et son bâton de vieillesse ? Je voulais bien assumer ces différentes fonctions, sauf que je me heurtais à tout moment à sa conception déroutante de la médecine. Une conception qu'elle se refusait à mettre en question. Elle nous avait depuis toujours soignés à sa façon, le recours au médecin étant onéreux. Qu'elle nous appliquât des ventouses ou des cataplasmes quand nous toussions était dans l'air du temps. Qu'elle nous fît les piqûres adéquates quand nous déclenchions nos crises de paludisme venait de ce qu'elle en avait constaté les bénéfices depuis qu'un médecin italien en Libye lui avait appris à pratiquer ces injections. Mais qu'elle nous fît avaler un mélange d'anisette et d'huile, sinon de pétrole et d'huile, ou qu'elle nous contraignît à respirer la fumée âcre du sucre jeté dans la braise au moindre rhume ressortissait plus à la torture qu'au soin. Et je ne m'étends pas sur la manière dont elle soignait nos angines en nous forçant à avaler sans le mâcher un œuf dur chaud écalé ! Encore faut-il imaginer ces soins dans une atmosphère d'encens et avec les multiples gestes destinés à chasser le mauvais œil !

Or je retrouvais tout cela quand j'avais à la soigner ! Il lui arrivait de m'appeler en pleine nuit en hurlant qu'elle était en train de mourir. Je savais qu'elle venait de déclencher une crise de tachyarythmie – le cœur bat très vite et de manière désordonnée donnant le sentiment d'une mort imminente. J'arrivais, je lui faisais son injection intraveineuse de Cédilanide et tout rentrait dans l'ordre avant même que la seringue fût vide. Mais il arrivait, parfois et de façon imprévisible, qu'elle refusât l'injection dont elle n'était pas sûre de l'efficacité. Elle se mettait alors à interroger le sort en pratiquant ce qu'elle appelait *chbar*. Une opération difficile à décrire où, faisant courir sa main droite largement ouverte sur son bras gauche, du poignet à l'épaule et par trois fois en aller-retour, elle concluait que la chose était possible ou non. Elle renouvelait l'opération de temps à autre, des fois que le sort eût changé. Il m'est arrivé de passer la nuit à son chevet dans l'attente de sa permission et de repartir au petit matin en ayant constaté que tout était entré spontanément dans l'ordre. Une sacrée leçon de modestie pour le médecin que j'étais.

Mais le pire, et surtout l'incroyable dans cette collection, est survenu au début des années 1970.

Elle était coutumière de crises de coliques hépatiques. Là encore elle m'alertait, j'arrivais, j'injectais l'antispasmodique de rigueur et tout entrait dans l'ordre. Mais un jour les choses ne furent pas aussi simples. La colique s'est accompagnée d'une fièvre élevée avec des tremblements intenses caractéristiques d'une cholécystite dont le seul traitement est chirurgical. Je le lui ai dit et je me suis heurté au refus auquel je m'attendais.

Je lui ai fait valoir qu'à s'obstiner elle allait mourir. Elle m'a rétorqué qu'elle préférait mourir dans son lit que sous le couteau d'un chirurgien. Sans y croire, j'ai mis en place une perfusion d'antibiotiques. Puis j'ai appelé un ami médecin qu'elle connaissait et qui l'avait soignée pour faire espacer ses crises de coliques. Il lui a tenu le même discours que moi et a recueilli la même réaction. J'ai averti mes frères et sœurs qui se sont déplacés pour tenter de la faire plier sans y parvenir. Le tableau est resté le même. J'ai fait venir un gastro-entérologue, un radiologue, un chirurgien et même son cardiologue pour l'assurer qu'elle ne risquait rien de ce côté-là.

La vésicule biliaire, perceptible sous les doigts, ne cessait pas de grossir et nous en tracions le contour au marqueur sur la peau de l'abdomen. Elle est passée en quelques jours du volume d'une balle de tennis à celui d'un petit ballon puis d'un ballon de volley-ball. Les antibiotiques ne faisaient évidemment aucun effet, les hémocultures répétées n'ayant pas permis d'isoler un germe auquel les adapter. La rupture de la vésicule après huit jours d'évolution était imminente. Elle allait entraîner une péritonite rapidement fatale. J'ai convoqué tous les membres de la famille, frères, sœurs, brus, gendres, grands, petits-enfants pour tenter une pression collective. Rien n'y a fait. J'ai alors déclaré que tout ce qui restait en notre pouvoir, c'était de faire en sorte qu'elle ne meure pas seule. J'ai établi un tour de garde pour les nuits en déclarant que, pour cette nuit-là, je resterais. Ils sont tous partis et je me suis trouvé seul avec elle. Je lui ai mis sur sa table de chevet deux comprimés d'un antibiotique nouveau dont on m'avait vanté l'efficacité l'après-midi même en lui en rapportant les qualités et en lui demandant de les prendre. Elle m'a dit : « As-tu vu le regard que tes belles-sœurs jetaient sur mon armoire ? Elles devaient déjà se demander comment elles allaient se partager mes draps, mes nappes et mes serviettes ! Écoute, je te demande quelque chose : cette nuit, si tu entends du bruit, je ne veux pas que tu te lèves ou que tu sortes de ta chambre, promets-le-moi. » J'ai accepté d'autant plus facilement que j'étais épuisé et que je lui en voulais de mourir plus par sa bêtise que par sa maladie.

Je me suis réveillé tôt le lendemain matin pour retourner chez moi et me préparer à ma journée. Je suis rentré dans sa chambre. Elle dormait comme un enfant et son teint semblait meilleur. Je me suis penché sur son front pour l'embrasser. Elle était fraîche comme un gardon. Je l'ai réveillée et je lui ai demandé de prendre sa température. Elle avait 36,8 °C. Je me suis précipité sur son ventre. Je l'ai palpé. Il n'y avait plus rien ! Il n'y avait plus que les traits de marqueurs que nous avions tracés pour suivre l'évolution du volume de son pyocholécyste. Incompréhensible ! Je lui ai dit ma stupéfaction en ajoutant que je n'aurais jamais imaginé la puissance des comprimés que je lui avais donnés. Elle m'a dit ne pas les avoir pris en les retirant de dessous son oreiller. Je ne savais pas quoi dire, perdu que j'étais entre la joie et le soulagement d'une part et d'autre part la frustration dans laquelle me mettait cette impossibilité de comprendre. Elle m'a alors dit : « Mon fils, tu es docteur et comme tous les docteurs, tu es un âne. Parce que les docteurs ne se demandent jamais pourquoi un malade est malade et d'où lui vient sa maladie. Or la maladie vient des *djnouns*[1]. Et les *djnouns* ont tous les pouvoirs. Ils ont aussi leur mode de vie. Ils adorent deux choses : d'abord se réunir à minuit sur le seuil des portes et puis l'huile, l'huile dont ils raffolent. C'est pour ça que je t'ai dit de ne pas te lever si tu entendais du bruit. Cette nuit, à minuit, je me suis levée et j'ai enduit d'huile tous les pas des portes, regarde – le seuil de sa chambre était en effet enduit d'huile. Je les ai alors priés en leur disant que je ne leur ai jamais voulu de mal, que je leur demandais d'avoir pitié de moi et de me laisser vivre. Après quoi, j'ai ramassé l'huile avec les mains et je me suis longuement massé mon flanc droit. Ils m'ont écoutée. »

Mythologie ?

J'ai raconté tout cela aux copains médecins que j'avais fait intervenir et nous sommes parvenus à la même conclusion : la vésicule dilatée était entrée en contact étroit avec l'angle du côlon droit et le pus avait fini par créer une fistule vésiculo-colique qui lui a permis, les massages aidant, de se vider dans le gros intestin. Le surlendemain elle a en effet évacué dans les selles ce qu'on appelle un « bézoard » dont l'examen au laboratoire a confirmé l'hypothèse.

1. Pluriel de *djin*, « succube », puissance souterraine dans les croyances orientales.

VI. Des signifiants

Impasse

Voilà la mère que j'ai eue, la mère qui a fini par tant dépendre de moi. Imprévisible, obstinée, têtue, incernable, méfiante, manipulatrice, exigeante, quelque peu sorcière, soucieuse de tout contrôler, de tout maîtriser. Je mettais ces caractéristiques sur le compte du danger qu'elle devait ressentir à être d'une autre culture, d'un autre âge, d'un tout autre monde que celui dans lequel nous vivions. Avec, comme corollaire, la crainte de ne pas pouvoir protéger ses enfants, ces enfants qui ont toujours été pour elle rien de moins qu'une partie d'elle-même.

C'est elle que j'ai retrouvée ce mercredi-là au sortir de ma séance, en compagnie du kinésithérapeute qui rééduquait le poignet qu'elle s'était cassé en tombant quelques semaines auparavant. Je l'ai embrassée et j'ai salué le kiné avec lequel je me suis mis à parler d'une patiente que je venais de lui envoyer.

Elle s'est soudain dressée d'un bloc avec une force inattendue. J'ai cru que le kiné lui avait fait mal. Mais elle s'est mise à m'accuser, en hurlant et avec une rare violence, d'être en train de donner au kiné toutes les indications et les instructions qui lui étaient nécessaires pour la tuer.

J'étais sidéré. Le kiné n'y comprenait évidemment rien.

Elle était déchaînée.

Elle protestait qu'il ne fallait pas que je la croie dupe parce qu'elle ne parlait pas français. Elle savait lire dans le ton des propos tout ce qui se disait et surtout tout ce qui se tramait. Cet homme-là, elle ne voulait d'ailleurs plus le voir. Elle lui a indiqué la porte en lui criant « Fuori », espérant mieux se faire comprendre avec ce mot d'italien. Elle m'a lancé un regard haineux comme je ne lui en avais jamais vu et je ne comprenais pas comment de telles expressions pouvaient passer dans un regard d'aveugle. Puis elle s'est mise à sangloter et à hurler qu'elle ne méritait pas ça.

Elle délirait. Elle délirait, au sens le plus fort du terme.

Elle était dans un délire impossible à calmer.

Elle était coutumière de ce genre de propos paranoïaques qui survenaient de temps à autre, sur un ton bien moins violent, avec tous ses enfants et ses belles-filles. À l'exception de moi, cependant. Ces accusations m'avaient en effet jusque-là épargné. Elles m'incluaient pour la première fois en ne me faisant pas faire l'économie d'une formidable violence.

Qu'avais-je apporté, avec moi et à mon insu, de mes découvertes de cette séance qui s'était passée une demi-heure auparavant et à cinq kilomètres de là ? Et si c'était de cela qu'il s'agissait, comment pouvait donc se produire une telle communication ? Oui, l'inconscient ! Soit ! Mais, avancé ainsi, ça ressemblait pour moi à un credo, à une profession de foi, à une explication bateau pour l'incrédule que j'étais. Sans doute étais-je encore trop médecin !

Je me suis excusé auprès du kiné qui était un ami, je lui ai dit qu'elle s'était mise à délirer et je l'ai raccompagné en lui disant que je le tiendrais au courant de la suite des événements.

Puis je suis revenu vers elle dont j'ai dû affronter une fois de plus le regard haineux et le discours de plus en plus extravagant. Elle disait ne pas parvenir à comprendre dans quelle folie j'étais tombé, moi si raisonnable, si dévoué et surtout si conscient de tout ce qu'elle avait fait pour moi depuis le temps où elle me donnait ses seins à téter. Elle s'est mise à passer en revue, comme si j'en avais besoin, « tout ce qu'elle avait fait pour moi ». Elle alternait des propos violents et des supplications. Fallait-il que je sois bien faible pour m'être laissé gagner à un comportement contraire à tout ce qui faisait notre si belle entente ? Qui donc avait pu me tourner la tête ? Mes frères ? Leurs épouses ? La mienne qu'elle laissait pourtant en paix alors qu'elle avait tant de reproches à lui faire ? Ma belle-famille avec laquelle elle n'avait pourtant aucune relation ?

Je suis parti sans avoir réussi à la calmer. Elle m'a crié qu'il était inutile que je revienne.

Or c'est la suite de tout cela que je craignais et qui a posé encore plus de problèmes. Car, depuis qu'elle avait renvoyé sa dernière employée et dans l'attente que vienne une nouvelle, c'est moi qui devais, grabataire comme elle l'était, m'occuper de l'entretien de la maison, cuisiner pour elle et la nourrir trois fois par jour. Or chaque repas s'est mis à donner lieu à une scène, toujours la même, ponctuée de propos de la même teneur et qui se terminait par la même exigence : je devais goûter le contenu du plat pour la convaincre que je n'y avais pas versé de poison. Elle ne se contentait pas de mon acceptation, elle exigeait de remplir elle-même la cuillère et, en tâtonnant, de me la mettre elle-même dans la bouche !

Nous étions dans le hautement pathologique.

Je n'ai obtenu aucune aide de la part de mes frères et sœurs qui m'ont plaint en déplorant leur impuissance. Ils l'avaient appelée et elle les avait envoyés bouler en les accusant d'être complices, sinon instigateurs, de ma manœuvre.

Mon amie Ginette R., à qui j'ai raconté le soir même, par le détail, ce que je venais de vivre, m'a conseillé de lui rapporter le contenu de mes dernières séances d'analyse. Je l'ai fait dès le lendemain sans obtenir le moindre résultat tant le délire, toujours aussi vif et au premier plan, la rendait sourde.

La séance du vendredi matin ne m'apporta rien et surtout pas le moindre conseil ou le moindre commentaire de mon analyste qui fut encore plus muet que d'habitude. Sans doute était-il renvoyé à sa passion de l'impuissance, un état ainsi nommé par le jargon de la profession.

Le pouvoir des mots

Les repas du shabbat, vendredi soir et samedi, se sont passés comme tous les autres, avec toujours les mêmes gestes et le même et pitoyable délire. Je suis parti pour la campagne le samedi après-midi avec mon épouse et mes enfants, la confiant à l'une de mes sœurs.

J'ai passé mon temps à réfléchir à l'impasse dont je ne parvenais pas à sortir jusqu'à sentir poindre une idée que j'ai décidé de mettre en œuvre.

Dès mon retour le dimanche après-midi, je suis passé la voir.

Elle m'a reçu dans les mêmes dispositions que celles dans lesquelles je l'avais laissée.

Mais je suis parvenu à établir entre nous le dialogue suivant que je résume et dont je me contente ici, en le traduisant mot à mot, de restituer l'essentiel. Cela a duré plus d'une heure. Il faut en effet imaginer chaque réplique accompagnée de quantité d'accusations, de plaintes, de protestations, de refus de répondre, etc.

– Comment dirais-tu d'un individu issu de la famille Naouri ? lui ai-je demandé.

– Quelle question stupide as-tu donc inventée encore ?

– Réponds-moi.

– Pour quoi faire, ça me tuera plus vite ?

– Ne sois pas bête, réponds-moi.

– Tu as décidé de me torturer ?

– Arrête tes bêtises, ce n'est pas compliqué de me répondre. Je te rappelle la question : « Comment dirais-tu d'un individu issu de la famille Naouri ? »

– Tu le sais mieux que moi.

– Dis-le tout de même.

– Un Naouri. Tu es content ? Tu vas renoncer à ton projet ?

– Bon. Et de deux individus (notre langue commune comporte une désinence duelle) ?

– Mais c'est stupide. Ça aussi, tu le sais mieux que moi.

– Dis-le tout de même.

– Deux Naouri. Ça va ?

– Bien, et de plusieurs ?

– Encore ? Où veux-tu en venir ?

– Réponds-moi.

– Mais quel jeu imbécile !

– Réponds-moi.

– Quand vas-tu arrêter ?

– Quand tu auras répondu.

– Plusieurs Naouri.

– Bien ! Tu comprends et tu le dis toi-même : un Naouri, deux Naouri, plusieurs Naouri. Et non pas un Naouï et deux ou plusieurs Naouïn.

Ce faisant, je soulignais une désinence de duel et de pluriel qui renforce l'invariabilité du nom propre Naouri et qui le différencie nettement de l'homophonique Naouï – homophonie d'autant plus flagrante que le r dans cette langue est à peine marqué, discrètement roulé et avec un son « gu » étouffé. Or Naouï veut dire « doué d'intentions » et il est entendu dans la logique de communication de cette langue que nul ne peut être doué de bonnes intentions, si bien que le sens le plus commun du mot est donc « doué de mauvaises intentions ».

Son délire a pris fin avant même que je ne l'aie eu quittée quelques minutes plus tard. Mon travail sur divan m'ayant extrait de la nomination Hassan qui m'était singulière et qui m'avait longtemps préservé des délires dont mes frères et sœurs avaient fait les frais, je devenais un Naouri, donc un Naouï possible.

Je n'ai pas été le seul bénéficiaire de la résolution de ce délire qui avait éclos. Mes frères et sœurs l'ont été aussi dans la mesure où ils n'ont plus jamais été suspectés de mauvaises intentions.

L'idée qui m'est venue, et que j'ai mise en pratique en faisant prendre conscience à ma mère que les Naouri n'étaient pas des Naouïn, n'a pas été un effet de hasard.

J'ai commencé par reconstituer l'enchaînement des événements que rien ne laissait prévoir ou même imaginer.

Ce n'était pas la première fois que je croisais le kiné chez ma mère. Elle était sa patiente et elle faisait appel à lui depuis des dizaines d'années pour les lumbagos dont elle souffrait de façon répétitive. Ce n'était pas non plus la première fois qu'elle m'entendait parler avec lui.

Il n'y avait donc rien dans tout cela qui eût pu déclencher le délire.

Rien sinon moi ! Mais moi qui venais de découvrir sur le divan, à cinq kilomètres de là, qu'elle avait fait de moi un Hassan en déniant le fait que j'étais un Naouri. Je ne savais pas pourquoi ni comment son inconscient avait pu se brancher sur le mien au point de découvrir que je me réclamais de mon identité de Naouri. Du coup, alors que jusque-là j'avais été tenu à l'écart de la défiance qui les visait, je rejoignais mes frères, mes sœurs et mes belles-sœurs. En principe, la défiance en question ne devait introduire aucune nuance entre nous. Aucun d'entre nous n'aurait dû être plus suspect que les autres. Or nous l'étions et notre mère n'avait pas la même attitude à l'endroit de chacun d'entre nous. Dominant jusqu'à les écraser ses filles, elle en était plutôt terriblement crainte. L'expression de ses sentiments face à ses fils usait d'une étrange formule qu'elle répétait à l'envi : « Bramino (l'aîné) est marié, Dany n'est pas marié et Aldo a une maîtresse. » Une illustration de la façon dont ses brus partageaient ou non les dispositions de leurs maris. En revanche, nos beaux-frères, même s'ils n'échappaient pas à ses critiques, n'étaient l'objet d'aucune prévention. Il ne s'agissait donc pas d'une éventuelle disposition spécifique à la fratrie, mais d'une disposition de tout porteur du patronyme Naouri.

Le travail que j'avais accompli à partir de la lettre <u>*H*</u>, première lettre du mot *<u>H</u>lib*, lait, m'avait fait remonter à son patronyme dont j'ai soudain découvert la manière dont il était intervenu dans ma vie : le cauchemar handicapant de mes cheveux en raison du fait qu'un des sens de ce patronyme était « coiffeur », ma relation quasi raciste à la beauté, le même patronyme pouvant se traduire par « beauté », ma sensualité exacerbée commandée par « sensorialité », autre sens du mot. C'est ce travail autour du signifiant qu'était le patronyme *Hassan* qui m'a conduit à découvrir l'enchaînement d'autres signifiants qu'il commandait. Il m'a paru alors évident de devoir focaliser mon attention autour du signifiant qu'était le patronyme Naouri. L'étrange aura été que je n'ai pu avancer dans cette voie qu'à partir du moment où je me suis mis à vocaliser le signifiant, à le prononcer à haute voix, d'abord tel que le commande son écriture française, puis tel qu'il se prononce dans notre langue. C'est ce travail de traduction, absolument identique à celui que j'ai effectué en passant de « lait » à *Hlib*, qui m'a permis d'avancer. Car, aussitôt, j'ai entendu derrière le Naouri de notre langue « Naouï », lequel prenait parfaitement place dans un discours dont l'allure était on ne peut plus clairement paranoïaque. Et j'ai alors procédé comme je l'ai fait pour faire percevoir la distinction. Car il n'était pas possible de faire prendre conscience de la différence des termes homophoniques par le seul singulier et la seule prononciation. L'effet immédiat, et brillant pourrais-je dire, de mon intervention m'a conduit à repenser à l'histoire de ma mère que j'ai recueillie, par bribes disparates et dans le plus grand désordre, au cours des plus de quarante années où elle m'en a parlé.

Les ophtalmos l'avaient affublée de la lettre *psy* écrite en rouge sur son dossier. Elle était folle. Mais, pour moi, pas plus que chacun. Sa folie avait incontestablement une allure paranoïaque. Certes. Mais elle s'en était débrouillée et elle continuait de s'en débrouiller très bien. En s'appuyant sans conteste sur ses enfants. Mais pas moins ni plus que toute mère, comme je n'ai pas cessé de le constater tout au long de ma carrière de pédiatre. Pourquoi fait-on des enfants, sinon pour se réparer en leur filant la patate chaude que notre histoire nous a contraints à recevoir. Pour ce qui la concerne, et c'est tout à son honneur, elle n'a pas marchandé le prix qu'elle devait payer pour cette partie de son parcours. Elle a déployé un génie hors du commun à nous protéger parce qu'elle ne nous a jamais vécus autrement que comme une partie d'elle-même, au même titre que son bras, sa tête, son tronc ou sa jambe. Et à prendre en compte sa détermination et son obstination, on constate qu'elle aura agi comme si elle avait été avertie depuis toujours d'une menace. Le délire de persécution qu'elle a développé, auquel elle a tenté de nous convertir et qui a assuré sa survie et la nôtre, devait bien avoir eu des racines. Pourquoi l'a-t-elle focalisé, comme elle n'a jamais cessé de tenter de nous le faire entendre, autour du nom de notre père ? C'est ce qui reste à comprendre.

Parce que le délire de persécution, s'il est censé protéger le paranoïaque de persécutions illusoires, n'est jamais parvenu pour autant à le protéger de persécutions réelles.

VII. Les racines du délire – 1

Être ou ne pas être aimée

« Ma mère ne m'a jamais aimée... », avait-elle déploré en sanglotant, à la toute fin de sa vie.

On a peine à croire qu'un enfant puisse ressentir très tôt un tel manque, qui le poursuivra sa vie entière, alors que l'attitude et la gestuelle de sa mère à son endroit sont apparemment des plus normales. Or il le fait. Et il ne se trompe pas. Car il est littéralement branché sur l'inconscient de cette mère qui ne sait rien de ce qui se passe en elle et qui dénierait en toute bonne foi ce qu'il tente de lui faire entendre. Aussi va-t-il insister. En développant, pour donner appui à la réclamation de son dû, des symptômes destinés à les sortir, elle et lui, de l'impasse dans laquelle ils se trouvent. Il y parvient parfois. Et combien de cas de cet ordre n'ai-je pas rencontrés et traités au cours de ma carrière !

Que pourrais-je dire y avoir trouvé ?

Que fréquemment la grossesse n'a pas été voulue.

Mais bien des grossesses surprises, sinon la plupart, finissent par être parfaitement assumées. Ce facteur ne suffit donc pas à lui seul. Il s'accompagne de détails qui vont figer la situation et l'orienter vers le pathologique.

En règle générale, la survenue de la grossesse a compliqué une conjoncture déjà difficile. La mère a par exemple découvert que son compagnon avait une maîtresse, qu'il lui avait caché sa banqueroute, son passé trouble, son licenciement pour faute professionnelle ou les énormes dettes de jeu qu'il avait contractées. D'autres fois c'est elle qui a rencontré un autre homme et qui se pose soudain de graves questions sur son avenir. D'autres fois encore elle a été bouleversée par des révélations sur son histoire ou par l'annonce d'une maladie rapidement mortelle chez l'un ou l'autre de ses parents, quand ce n'est pas par la mort brutale de l'un d'eux. La déception, parfois très grave, entraînée par le sexe de l'enfant – on voulait une fille et ça a été un garçon, ou l'inverse – est aussi un cas que j'ai souvent rencontré. Il faut dire qu'il y en a tant !

Pour nombreux, variables et imprévisibles que puissent être en général les cas de figure dans la vie de la plupart des couples, leur analyse aboutit toujours au même résultat. Un désir incontestable est survenu. Il a déclenché la conception. D'où l'erreur sémantique qui se retrouve toujours au rendez-vous et que j'ai toujours pris soin de corriger : quand quelqu'un me dit « J'ai été un enfant non désiré », je le corrige aussitôt en lui disant qu'il a peut-être été un enfant non voulu, mais qu'il a été incontestablement désiré, faute de quoi il ne serait pas là.

Voilà donc une grossesse enclenchée et qui aurait donc pu être assumée si ne s'étaient produits un ou des événements qui ont distrait la mère de ce que les professionnels désignent sous l'appellation de « préoccupation primaire » pour dire que, dès la conception, sa pensée va se centrer naturellement sur sa grossesse et sur le résultat qu'elle en attend, l'un et l'autre suscitant en elle un amour nouveau dont elle n'avait pas la moindre idée. Le processus biologique de ladite grossesse se poursuit donc, mais l'investissement de l'enfant à venir en pâtit. Et lui le ressent, parfois déjà *in utero*, et ne peut qu'en souffrir.

Manquer d'amour, je l'ai déjà dit, c'est comme manquer d'oxygène, ça a des conséquences.

Les bébés des mères qui fumaient beaucoup – elles sont heureusement devenues rares aujourd'hui – manquaient d'oxygène *in utero* et venaient au monde hypotrophiques. Ils avaient un petit poids de naissance et ils mettaient plusieurs mois à rattraper les courbes normales de croissance. Manquer d'amour, ou bien ça se rattrape grâce des circonstances favorables ou à une intervention extérieure inopinée, le fameux tutorat de résilience par exemple, ou bien ça persiste et ça condamne l'enfant à vivre avec le sentiment de n'avoir pas été aimé, donc de « ne pas être aimable » et d'avoir en conséquence sa vie durant une piètre estime de lui-même.

Pour ma grand-mère maternelle, comme pour toutes les femmes de l'époque et plus particulièrement dans cette aire géographique et dans cette communauté, les grossesses étaient toujours des grossesses surprises. Les règles juives de la vie conjugale[1] imposent

1. À noter que l'islam prescrit les mêmes règles.

au couple une abstinence sexuelle du premier jour des règles jusqu'à leur fin, augmentée d'une semaine de sécurité. La reprise des rapports sexuels n'est permise qu'à partir du quinzième jour du cycle et après que la femme est allée se tremper dans le *mikvé*, le bain rituel purificateur. Autrement dit, pour ces populations qui ne savaient rien de la découverte d'Ogino, les rapports sexuels n'étaient autorisés qu'à partir du moment où la femme était fécondable ! Une mesure qui allait très bien, somme toute, avec l'injonction divine : « Croissez et multipliez-vous. » Les grossesses survenaient en général tous les deux ans environ, c'est-à-dire après le sevrage du dernier bébé, l'allaitement ayant des propriétés contraceptives. Elles ne pouvaient donc être que des grossesses surprises. Versées de façon convenue au rang de bénédiction du ciel, elles étaient tout à fait assumées, et l'enfant, vécu comme ce que j'ai appelé un « sous-produit de l'activité sexuelle de ses parents », recevait de leur part tout ce à quoi il pouvait s'attendre dans la foulée de l'acte qui avait présidé à sa conception.

Je n'ai pas pu savoir, je ne sais pas et je ne saurai évidemment jamais, ce qui a pu se passer dans la vie de ma grand-mère qui a produit chez ma mère la conviction qu'elle m'a confiée de ne pas voir été aimée.

Mais il a dû se passer quelque chose si on prend en considération les différences d'âge des enfants : huit ans entre son grand frère et elle, et cinq ans entre sa grande sœur et elle. Huit ans, c'est beaucoup. Et cinq, ça ne l'est pas moins ! Y a-t-il eu une dissension à l'intérieur du couple, un problème grave dans la famille, une ou plusieurs fausses couches ou un enfant décédé en bas âge ? Nul ne le sait. Mais ce qui serait intervenu expliquerait sans doute qu'au dire de ma mère sa mère lui prêtait peu attention et avait très tôt fait d'elle sa bonne à tout faire. Pas question en effet que l'on dérangeât le garçon, l'adulé Vittorio, surnommé tendrement Houatou (diminutif de Haïm) ou Tchatchou, un garçon et en conséquence intouchable, ou que l'on pût distraire *Messa'ouda*, la Chançarde, déjà occupée à préparer son trousseau en vue des demandes en mariage qui n'allaient pas tarder. Dans l'aire ottomane, il n'y avait pas de limite inférieure d'âge pour les mariages. Peut-être en raison du fait que le Prophète avait pris pour troisième épouse Aïcha qui n'avait que sept ans et qui fut son épouse préférée[1]. Sans compter que caser tôt les filles les préservait des viols et autres exactions fréquentes dans l'environnement.

Ma mère, dans la suite de son propos, m'a raconté que sa mère, Rachel, avait elle-même été mariée à l'âge de neuf ans à son père Nessim.

Rachel était une des trois filles de Chaoul Na'im, qui était distillateur, et de Louma Khalfon, surnommée *Khnafar* en raison de ses bajoues.

Nessim était, lui, l'un des fils de David Hassan et de son épouse Zaltouma. Il était un vieux célibataire qui exerçait le métier de graveur. Il était âgé de trente-deux ans et surnommé *Mani bou Tlatine*. *Mani* étant le

1. Encore que cela intéressât aussi les garçons si on en croit un magnifique film turc, *Hazal*, d'Ali Özgentürk, 1980, où une belle-mère, appliquant le rite du lévirat, marie sa bru, veuve de son fils aîné resté sans enfants, à son deuxième fils âgé d'à peine dix ans.

diminutif de Nessim et *bou Tlatine* disant « le trentenaire » avec une note de moquerie sinon de reproche car c'était péché pour les hommes de se marier tard.

À l'occasion de cette confidence, ma mère a précisé avec un rire gras – celui qu'elle avait toujours quand elle tenait des propos graveleux – avoir entendu dire que, le soir des noces, l'époux Mani emporta sur son épaule son épouse Rachel endormie. Elle a ajouté, dans la foulée et avec un rire encore plus gras, son regret de n'avoir jamais demandé à sa mère si sa première grossesse était survenue avant ou après ses premières règles.

J'ai rencontré une seule fois ma grand-mère Rachel qui vivait à Tripoli alors que nous vivions à Benghazi, à mille cinq cents kilomètres de là, autant dire quasiment dans un autre continent. Ce devait être en juillet 1942. Nous étions en transit à Tripoli, avec une trentaine d'autres familles renvoyées comme nous vers la France la plus proche, l'Algérie, dans le cadre d'un échange de populations civiles imposé par Mussolini et confié à la Croix-Rouge. Nous étions parqués dans une sorte de grand hangar, chaque famille dans son coin. Quand j'ai écrit pour les petits-enfants de ma mère, il y a plus de vingt-cinq ans, l'histoire de ma famille, Dany m'a appris que ce hangar était situé dans la plus grande caserne de Tripoli, Campo Azzizya, dont Kadhafi avait fait son QG et qui fut bombardé par Reagan en 1986.

Ma grand-mère est arrivée, revêtue de son *haïk* blanc, avec son dernier fils Yoseph, lui aussi vêtu d'un costume blanc. Je ne me souviens pas que l'un ou l'autre de nous eussent jeté le moindre regard, en raison sans doute de la gravité de la situation. Ils étaient en conversation sérieuse avec ma mère et Dany. À un moment, j'ai vu Dany sortir de sa poche une liasse de billets qu'il a remis à notre oncle. J'ai aussi vu Bramino défaire les doublures des vestes et en retirer des rouleaux de billets qu'il a remis lui aussi à l'oncle. Puis j'ai vu ma mère ôter le couvercle d'une marmite haute pleine de saucisses figées dans la graisse, y entrer la main et l'avant-bras puis en retirer deux larges bracelets en or et une ceinture de métal doré qu'elle a tendus à sa mère. Quand j'ai évoqué ce souvenir, Dany a mis des mots sur les images que j'avais gardées en mémoire. Ma mère avait donné tous ses bijoux à sa mère et, lui, il avait confié à son oncle la première fortune qu'il avait déjà accumulée, surtout dans l'année écoulée, à l'âge de dix-sept ans et dont il était parvenu à reconstituer le montant qui, selon ses dires, aurait tourné en monnaie actuelle autour de dix-huit mille euros. Il était formellement interdit, sous peine de graves sanctions pouvant aller jusqu'à l'exécution sans jugement du contrevenant, de sortir quelque bien que ce soit de Libye. Ils confièrent donc la garde de leur trésor à la famille en disant que si nous périssions cela leur revenait et que si nous survivions ils reviendraient les chercher une fois la guerre finie. Quand ce fut le cas et qu'ils retournèrent chercher leurs biens en 1949, ils ne récupérèrent que les bijoux, l'oncle avait dilapidé la fortune qui lui avait été confiée. Ce qui rendit fou de rage le seul Dany qui reprochait à notre mère tentant de calmer sa colère de préférer sa fratrie à ses enfants.

Rachel, ma grand-mère, est morte en 1944. Je me souviens des pleurs de ma mère au reçu de la lettre qui annonçait le décès et je ne comprenais pas qu'on pût avoir un aussi énorme chagrin à la perte de quelqu'un qu'on avait perdu de vue depuis si longtemps.

Origine et petite enfance

Ma mère est née à Tripoli, en Libye alors encore ottomane, au début du XXe siècle. Je ne peux pas être plus précis. L'état civil n'existait pas. D'après l'acte rabbinique de son mariage en novembre 1919, elle serait née en 1903. Mais j'ai vu un acte consulaire qui la disait être née en 1898. Elle m'a raconté un jour que son beau-père, qui s'était déplacé depuis Benghazi pour ledit mariage, aurait été contrarié de la trouver vieille pour son fils qui avait alors dix-huit ans selon les documents de l'ambassade de France où il était inscrit en tant que fils d'un citoyen français. Je pencherais cependant pour 1903 car elle m'a raconté avoir appris le français à l'*asilo*, l'école maternelle, de l'Alliance israélite universelle où elle est entrée à l'âge de six ans, alors que l'Alliance universelle était là depuis plusieurs années – j'ai vérifié, l'Alliance universelle a ouvert sa première école en Libye à Tripoli en 1903. Un autre indice plaide dans le même sens. Elle nous a raconté qu'elle était enfant lorsque l'Italie avait conquis la Libye en 1911. La population juive de Tripoli s'était alors enfuie à Djerba et y était restée jusqu'à ce que des émissaires vinssent dire que les conquérants étaient loin d'être hostiles. Ils offraient en effet à chaque famille un bidon d'huile, un bidon de pétrole, du charbon et des petits sacs de semoule, de farine, de haricots, de pois chiches, de riz, de café et de sucre. Ses parents revinrent donc et elle nous confia avec un air entendu que ce qui l'avait le plus intéressée, elle, c'était le sac de sucre. Si elle était née en 1898, elle aurait été adolescente et déjà en âge d'être mariée comme cela se faisait donc couramment. Sans doute était-ce une toute jeune adolescente, et non pas une jeune fille de seize ans, que son beau-père s'attendait à avoir pour bru.

Quel âge, d'ailleurs, se donnait-elle elle-même ? Elle éludait la question en avançant qu'on ne demande pas son âge à une femme. Quand on lui faisait valoir que la coquetterie lui seyait mal elle répondait que de dire son âge exposait au mauvais œil. Mais quand on insistait, elle se donnait, de guerre lasse, l'âge correspondant à une naissance en 1903.

Elle a eu après elle deux sœurs, Kheiria et Zarifa, et un frère, Yoseph, dont les naissances étaient espacées d'environ deux ans.

Quel est l'intérêt de ces précisions ? Elles attestent de cette mémoire des sociétés sans écriture et de celle prodigieuse de ma mère. Je me demande à ce propos s'il n'y a pas eu, là, une forme d'hérédité de l'acquis. Car mes frères et sœurs étaient dotés, tout comme moi et tous nos enfants et petits-enfants, d'une mémoire très performante.

Quand elle venait à parler de sa petite enfance, ma mère évoquait ses promenades dans les souks dont elle nous décrivait les détails. *Souk addlam*, le souk de l'obscurité, *souk elhout*, souk aux poissons, *souk elkbir*, le grand souk, *souk elbzar*, le souk des épices et encore d'autres. Elle avait appris à passer de l'un à l'autre sans se perdre dans le labyrinthe qui les réunissait.

Elle racontait aussi que son frère, qui l'avait initiée à la monnaie turque, la *bara*, et à la valeur des différentes pièces, l'avait emmenée un jour à *Labda* (Leptis Magna), une ville de géants mécréants que Dieu pétrifia. Elle en fut très impressionnée.

Peu de temps après, elle s'est mise à se sentir obnubilée par l'idée de la mort et de ses implications. Cela l'a angoissée au point qu'elle a décidé, du haut de ses quelques années, de s'en ouvrir au sage de la maisonnée, c'est-à-dire à Chaoul, son grand-père maternel. Il serait parvenu à la rassurer en lui disant que cela ne la travaillait autant que parce qu'elle était tout simplement destinée à vivre très longtemps. La thérapie fit, paraît-il, son effet sur elle. Tout comme la narration qu'elle nous fit à l'époque a dû probablement produire son effet sur celui ou celle d'entre nous qui avait dû susciter son propos.

Bien plus tard, m'étonnant de l'impact des paroles de son grand-père qui n'avaient somme toute pas d'autre statut que celui d'un vœu, je l'ai réinterrogée sur ce thème. Elle me fit un récit que j'ai transcrit à ce moment-là en tentant – sans y être tout à fait parvenu – de lui garder dans la traduction la force et le souffle qu'il avait dans la version originale. J'y suis revenu pour le restituer ici.

« Ces idées ne me sont pas venues n'importe comment. Ce sont les circonstances qui m'y ont conduite. À la maison, chacun avait une tâche. Moi, j'avais en charge ma dernière sœur, Zarifa. Elle était toute petite encore, elle pleurait beaucoup et je devais toujours la porter dans les bras. Je m'ennuyais terriblement quand j'avais épuisé le plaisir des promenades dans les souks. Je traînais dehors, guettant le moindre événement ou le moindre mouvement de foule. C'est comme ça que j'ai pris une drôle d'habitude. En y pensant aujourd'hui, je me dis que je devais être folle. Je me suis mise à suivre tous les cortèges et plus particulièrement les cortèges funéraires qui avaient sur tous les autres l'avantage de durer plus longtemps. Si bien que j'ai assisté à beaucoup d'enterrements et que j'ai fini par me faire à la manière dont ils se déroulaient.

« Un jour, de retour du cimetière, j'ai raconté à mon grand-père où j'étais allée. Il en a souri. Ça m'a donné le courage de l'interroger sur quelque chose que j'avais remarqué et qui me préoccupait parce que je n'y comprenais rien. Je lui ai demandé de m'expliquer pourquoi les gens, qui acceptent de patienter longtemps et parfois même très longtemps, détalent tout d'un coup dès qu'ils voient les fossoyeurs commencer leur travail. Il faut dire que je les avais vus tellement de fois s'arracher brusquement à leur immobilité. Et je me suis toujours demandé pourquoi ils couraient ainsi, dans tous les sens, pour finir par s'égailler et disparaître.

« Vois-tu, mon enfant, m'a dit mon grand-père, quand le mort du fond de sa tombe prend acte de sa condition pendant qu'on dit les prières, il s'en émeut. Aussitôt, il invoque sa mère. Il en a toujours été ainsi entre eux. Ne s'est-il pas toujours tourné vers elle à chacune de ses inquiétudes ? N'a-t-il pas toujours trouvé auprès d'elle toutes les réponses à ses questions et à ses angoisses ? C'est donc tout naturellement elle qu'il appelle en premier. Il fait ce qu'il lui a toujours suffi de faire et qui a toujours été suivi d'effet : il pense fort, très fort à elle, sachant qu'elle est toujours capable de le deviner par la pensée et sans le secours du moindre mot. Il se concentre et il pense à elle plus fort encore qu'il ne l'a jamais fait. Mais elle, morte ou vivante, naturellement torturée par la douleur et toute à l'écoute de son chagrin, elle, elle ne l'entend pas. Elle ne peut pas l'entendre. Elle ne l'entend plus. Alors, il se tourne vers son père, mort ou vivant lui aussi, pour l'implorer : il use avec lui de ce chuchotis respectueux et vaguement craintif dont il avait l'habitude. Le père non plus ne l'entend pas : sa gorge nouée et les larmes qu'il essaie vainement de réprimer l'empêchent de percevoir le moindre son ou la moindre pensée qui volerait vers lui. Mû par sa frayeur grandissante, assailli par l'étendue d'un désespoir inconnu jusque-là, il élève un peu plus la voix : il s'adresse à ses frères, à ses sœurs, à ses amis que l'épreuve écrase autant qu'elle les enferme. Aucun d'eux ne l'entend. Il multiplie ses appels sans le moindre succès. Il fait défiler tous les mots et tous les sons qu'il connaît dans l'espoir d'en faire percevoir au moins un. Sa frayeur atteint son comble. Craignant de s'y être mal pris, il recommence alors fébrilement son parcours de bout en bout : sa mère, son père, ses proches, ses alliés, ses amis. Chacun y repasse. Et comme la cérémonie avance et qu'il n'obtient aucun résultat, quand la première pelletée de terre résonne sur le couvercle de son cercueil, il concentre toute son énergie pour pousser un dernier appel : un cri.

« Un cri unique.

« Un cri sans destinataire.

« Un cri seulement fait pour émouvoir quiconque peut l'entendre dans la foule agglutinée. Un cri dont on dit qu'il est déchirant, glaçant, sidérant, horrible.

« Eh bien, mon enfant, sache que ce cri, il faut que personne, tu m'entends bien, toi, il faut que personne ne soit là pour l'ouïr, il faut que personne ne puisse l'ouïr !

« Car nul ne peut ou ne doit témoigner pour cet humain qui, comme tous les humains, s'en va seul et qui, seul comme il est entré dans la vie, seul comme il l'a toujours été, doit s'en aller seul.

« Simple véhicule de la vie qui l'a élu, habité et qui le quitte, il ne doit pas pouvoir se raccrocher à un autre porteur de vie.

« Voilà pourquoi les gens qui s'en vont s'éloignent avec l'air appliqué et pressé que tu leur as vu.

« On peut entendre le cri de la venue à la vie : il est ce son ouvert, cette ligne sur laquelle s'inscriront les actes et les discours. On ne doit pas entendre le cri de la fin. Parce qu'on ne peut pas communier avec cette fin. Sauf à y sombrer soi-même. »

Quel message, quel enseignement a-t-elle reçu, à peine petite fille !

Son grand-père ne devait pas savoir qu'un jour Joseph Conrad dira la même chose en termes différents quand il écrira : « On vit comme on rêve, seul ! »

Devait-elle faire son deuil, parviendra-t-elle à faire son deuil de l'amour de sa mère ?

La question n'avait pas cessé de se poser à elle puisqu'elle se la posait encore à la fin de sa vie !

Et d'apprendre ainsi que la solitude est la condition commune aurait-il pu résoudre sa faim d'amour ?

Elle, si bavarde, nous a parlé très peu de sa grande enfance ou de son adolescence, sauf à évoquer parfois les visites à ses tantes maternelles, Bouba l'aînée dont elle avait reçu le prénom et surtout la cadette Yizza qui était mariée à un homme riche et qui menait grand train. Ce n'est pas par hasard que ce soit seulement ces détails qui me soient restés en mémoire car ils m'ont valu un jour une violente dispute avec elle.

La tante Yizza avait un fils unique d'à peu près son âge, dont j'ai entendu parler depuis toujours, un certain Hassou Balilla qui aurait été en quelque sorte mon parrain puisque c'est lui qui m'a tenu sur la chaise de circoncision. Quand elle l'évoquait, son visage s'illuminait. Hassou, diminutif de Pinhas, avait été *balilla*, lequel terme lui est resté au point de faire oublier son patronyme Na'im. Être *balilla* était quasi exceptionnel pour un juif, puisque le terme renvoie aux jeunesses fascistes de huit à quatorze ans, destinées à fournir le contingent ultérieur des adultes ayant appris dans le petit âge à obéir et à être prêts à se battre. Il est probable que cette exception avait eu pour origine un arrangement entre le père désireux de s'intégrer totalement et le pouvoir mussolinien. Outre qu'il était riche, Hassou était pieux, pratiquant la *mitsva* de la charité en achetant en particulier le droit de tenir les nouveau-nés lors de leur circoncision au huitième jour de la vie. Il était somme toute le personnage le plus important du panthéon de ma mère. À l'entendre si souvent l'évoquer, j'ai fini par me dire que, adolescente, elle avait dû rêver de l'épouser. Un mariage entre cousins était jugé idéal.

Pendant les vacances de l'été 1970, je l'ai emmenée passer huit jours à Rome où nous savions avoir de la famille, en particulier ma cousine Esméralda que je ne connaissais pas et à qui je dois mon prénom. Aussitôt sur place, elle m'a dit que son rêve serait de rencontrer H̲assou. J'ai pu me procurer son numéro de téléphone mais je n'ai jamais réussi à le joindre directement. C'était toujours son fils qui répondait, prenant les messages pour son père sans assurer de retour parce que ce dernier était très occupé. J'ai fini par dénoncer la manœuvre en disant que c'était plus simple que H̲assou dise ne pas vouloir rencontrer sa cousine. J'eus alors pour réponse un rendez-vous à Ostie, la station balnéaire de Rome. Nous sommes arrivés en voiture à l'heure et nous avons été reçus par le héros en compagnie de son épouse et d'une nuée d'enfants qui allaient et venaient dans tous les sens. Ma mère, au visage soudain illuminé, crut pouvoir être fière de me présenter comme son fils médecin à ce monsieur qui n'en avait manifestement rien à faire, qui ne masquait pas son ennui et qui n'avait pas la moindre intention d'entretenir la conversation. Nous avons mangé une tranche de pastèque et bu un verre de limonade. J'ai assez vite dit à ma mère qu'il nous fallait partir sans percevoir le moindre effort pour nous retenir. Nous sommes sortis. H̲assou a daigné nous accompagner à la voiture. Et, alors que j'ouvrais la portière à ma mère, je le vis lui glisser discrètement dans la main un billet de cinq cents lires – l'équivalent de vingt centimes d'euros ! – qu'elle prit en le remerciant chaudement. Nous sommes partis et je me suis mis aussitôt dans une violente colère, reprochant à ma mère d'avoir accepté ce billet, lui démontrant qu'elle avait été traitée comme une mendiante, qu'elle avait été humiliée, que sa dignité avait été bafouée. Elle n'arrêtait pas de me dire que je n'y comprenais rien, qu'elle avait voulu faire plaisir à cet homme auquel il importait tant de faire la charité, etc. On imagine la durée et l'intensité de l'altercation qui a duré tout le temps de notre retour sans que j'aie réussi à me faire entendre. L'incident m'a poursuivi au point que j'en suis arrivé à me demander si ma réaction ne fleurait pas l'œdipe. J'ai balayé l'hypothèse en évoquant le souvenir d'un vieil ami de la famille que j'ai souvent vu draguer ouvertement et lourdement ma mère. Et je me suis souvenu que ça m'amusait beaucoup et que je me demandais comment cet homme, fût-il vieux, pouvait éprouver de l'attrait pour cette vieille femme obèse et difforme. Quant à ce que ledit Hassou ne se soit pas montré impressionné par le fait que j'étais médecin, je n'en étais vraiment pas là.

VIII. Les racines du délire - 2

La société juive libyenne était pauvre, tellement pauvre qu'une histoire courait pour en expliquer la raison. Elle raconte que la pauvreté est tombée un jour malade, si gravement qu'on craignait une issue fatale. Toutes les sociétés du monde se réjouissaient dans l'attente de cette fin inespérée. Mais la société libyenne, observante et pieuse, estimait ne pas pouvoir déroger à la *mitsva* du *bikkour holim,* la visite au malade, et se rendit donc au chevet de la pauvreté. Laquelle en fut si réjouie et si ragaillardie qu'elle guérit. Si bien que, pour marquer sa reconnaissance à l'endroit de ses chers sauveteurs, elle décida d'aller s'installer définitivement auprès d'eux.

D'où peut mieux se comprendre l'investissement du shabbat, ce luxe gratuit et à portée de chacun.

La vie juive, à l'époque et dans les lieux que j'évoque, tournait en effet autour de la manière dont le temps shabbatique scandait le vécu et le quotidien de chacun. Toutes les activités de la semaine, quel qu'en fût l'auteur, ne visaient qu'à la préparation de ce temps précis où elles devaient être toutes suspendues. Elles l'étaient au demeurant. Et tous les juifs de la ville, parfaits hébraïsants, étaient sans exception *shomer shabbat*[1]. Il ne pouvait pas même s'envisager qu'il pût en être autrement. Une âme nouvelle était censée venir à chacun à l'approche du saint jour. Je peux personnellement témoigner de la prégnance de cette croyance, moi qui l'ai ignorée, à en avoir régulièrement vérifié les effets chez mon pieux frère aîné Bramino et avoir constaté l'énergie, stupéfiante et inexplicable, que ma mère recouvrait, même quand elle a été grabataire à la fin de sa vie, pour s'adonner aux longs préparatifs et aux gestes requis par le rituel. Tout cela commençait en effet dès le vendredi matin. Dans ces communautés, comme dans bien d'autres au demeurant, les services sociaux locaux se démenaient pour que même les foyers les plus pauvres puissent manger à leur faim et en particulier cuisiner de la viande pour la circonstance.

Le samedi après-midi était par surcroît l'occasion de divertissements, de promenades et de découvertes.

Les jeunes filles, habituellement cantonnées aux travaux ménagers de la maisonnée, disposaient alors d'un peu de temps libre puisque les interdits faisaient remettre au soir lesdits travaux. Elles avaient donc le droit, ce jour-là, de sortir devant leur porte, parées de leurs plus belles toilettes et de bavarder entre elles.

Les jeunes gens, vêtus eux aussi de leurs plus beaux habits, en profitaient alors pour passer et repasser devant elles, cherchant à se faire remarquer par celles qu'ils avaient eux-mêmes distinguées mais dont ils se défendaient, décence oblige, de croiser le regard. Il n'y avait pas d'autre possibilité de rencontre. Il était

1. Respectant les règles (fort nombreuses) du shabbat.

en effet indécent, sinon impensable, qu'un garçon abordât directement une fille ou, pire encore, qu'une fille s'autorise à lui répondre. Dans les apparences et le quotidien courant, à tout le moins ! Car l'histoire de la fratrie de mon père, dont ma mère et mes frères m'ont également fait le récit, fait état d'au moins deux aventures dans lesquelles il fut fait bien peu cas de la décence convenue : deux sœurs de mon père conçurent hors mariage.

La rencontre de sa vie

Quand elle était accablée, et c'était souvent, notre mère se réfugiait dans l'évocation de sa rencontre avec notre père.

C'était justement un shabbat après-midi.

Elle était devant sa porte quand un jeune homme, qu'elle n'avait jamais vu auparavant mais qu'elle trouva fort beau, laissa tomber à ses pieds une rose un peu fanée. Elle eut à peine le temps de s'en apercevoir qu'il ramassait déjà la fleur et que, s'adressant à cette même fleur, il dit : « Ô rose, on pourrait te croire fanée ou avoir été privée d'eau. En vérité, ce qui te dessèche c'est le sel de mes larmes, celles-là mêmes dont je t'arrose pour me plaindre de ma solitude et t'y faire compatir. »

Dit comme ça, ça fait maladroit, prétentieux et un peu lourd. Dans la langue originale, c'est tout simplement superbe. Était-ce le couplet d'une chanson de l'époque – on mettait tout, absolument tout, en chanson en ces lieux – ou un poème connu ? Je n'en sais rien. Ma mère m'a assuré que c'était improvisé. À ses dires, mon père, quand il s'en donnait la peine, était un véritable poète. Ce que je serais assez porté à croire sur la foi de la quantité de propos qu'elle lui a prêtés et que je n'ai hélas pas plus notés que conservés littéralement en mémoire. L'un d'entre eux, néanmoins, en raison du moment où il a été énoncé, m'a suffisamment bouleversé pour que je l'aie retenu. Mon père était très malade et il devait se sentir menacé. Il lui aurait alors parlé de sa vie de veuve prochaine : « Aimeras-tu un autre homme comme tu m'as aimé ? » Elle lui a répondu qu'elle ne savait pas ce que c'était que l'amour et qu'elle avait tellement souffert avec lui qu'elle ne voudrait plus jamais entendre parler d'homme ou d'amour – ce qui se passa pour elle au demeurant. Mais ou que sa réponse eût été suffisamment ambiguë ou qu'il ne l'entendît point, il poursuivit : « Ta vue se brouillera-t-elle ? Les larmes te réduiront-elles à ne percevoir que des ombres ? Mon image elle-même s'estompera-t-elle au point de te faire douter de tes yeux ? Ou bien viendras-tu, de temps à autre, en une irrépressible nostalgie, t'allonger sur le marbre froid de ma tombe et y coller tes seins ronds et chauds ? » Et une fois de plus, on perd dans cette traduction les effets de la concision et la merveilleuse musique de la langue !

Dans la semaine qui suivit l'événement de la rose, alors qu'elle vaquait à ses occupations, ma mère s'entendit quérir par une de ses sœurs, envoyée par leurs parents. Elle était invitée à les rejoindre parce qu'elle était l'objet, lui précisa ladite sœur, d'une demande en mariage. C'est ainsi que les choses se passaient toujours, comme elles s'étaient déjà passées du reste pour la sœur aînée déjà mariée. Elle refusa d'obtempérer. Dans les semaines écoulées, elle avait déjà été trois fois l'objet de pareilles demandes et elle les avait refusées, allant même jusqu'à faire un chantage au suicide en déclarant ne plus vouloir rien entendre à ce sujet. Sommée une fois de donner les raisons de son refus, elle répondit à propos d'un des prétendants, resté veuf à deux reprises et coup sur coup, qu'il portait malheur, s'il ne les tuait pas, aux femmes qu'il épousait...

Elle était donc dans cette position de refus quand elle vit son père venir lui-même la chercher. Le respect qu'elle lui devait, car le respect du père était au centre de l'existence de chacun, ne lui permettait plus de se dérober. Elle se prêta à la rencontre. Elle ne fut pas déçue : le prétendant était le jeune homme à la rose fanée. Il s'appelait Youssif Naouri, il avait dix-huit ans. Il était de Benghazi. Il assurait être d'une famille aisée qui l'avait envoyé à Tripoli étudier les perspectives d'ouverture d'un nouveau comptoir de son commerce. Elle signifia à ses parents qu'elle acceptait la demande. Quand, des dizaines d'années plus tard, un dimanche après-midi à Paris, elle vint avec moi rencontrer les parents de ma future épouse pour fixer la date de notre mariage, elle prit soin à un moment de s'adresser directement à elle et lui dit avec un sourire malicieux (j'assurais la traduction) : « Vous, en principe, vous devriez garder constamment les yeux baissés et rougir de temps à autre. » Elle avait probablement décrit comment les choses se passaient de son temps et comment elles s'étaient certainement passées pour elle.

Son mariage avec mon père eut lieu, le 19 novembre 1919, comme en atteste la *kétouba*[1]. Je crois me souvenir d'avoir relevé au moment où, à l'occasion de l'établissement de la carte nationale d'identité dans les années 1960, je me suis occupé de récupérer les traces officielles de cette histoire, qu'à un ou deux mois près elle n'aurait pas pu acquérir automatiquement la nationalité française.

Car, détail qui n'avait pas été pris en compte lors de la rencontre, Youssif Naouri était français.

Les éléments de l'enquête que j'avais donc entreprise m'ont permis de mettre la main sur certains documents qui m'ont appris que mon arrière-grand-père paternel, Rabbi Haïm, était né à Oran en 1826 et vint se fixer en Libye, muni déjà d'un passeport français, en 1844, à l'âge donc de dix-huit ans, en compagnie de son épouse, Léa, née en 1831 à Jérusalem et donc alors âgée de treize ans. Ils ont eu leur premier enfant, une fille, Semha, en 1850, probablement d'autres dont je n'ai retrouvé aucune trace, et leur fils Abraham, mon grand-père, le père de Youssif, en 1873. Ce passeport français n'est pas le seul dont j'aie trouvé la trace. J'en ai trouvé un autre, datant de 1861, délivré par l'ambassade de France à Tripoli en vue d'un voyage en Algérie.

Le premier point à relever, c'est que Haïm Naouri était déjà français vingt-six ans avant le décret Crémieux qui conféra la nationalité française aux juifs d'Algérie.

1. Acte de mariage religieux.

Il semblerait que cette nationalité, comme je me le suis laissé dire, a pu lui être attribuée par sénatus-consulte. Les autorités françaises de l'Algérie colonisée en 1830 procédaient parfois ainsi pour récompenser des services rendus ou pour s'assurer de la loyauté de certains membres importants du personnel de l'administration jusque-là ottomane. De quels services s'agissait-il ? Je n'en sais rien.

Le second point concerne le voyage de 1861 en Algérie. Il semblerait que le déplacement d'ouest en est a dû concerner plus d'une famille Naouri et sans doute bien des membres de ces familles. Nombre d'entre elles se fixèrent d'ailleurs à Bône dans l'Est algérien, l'actuelle Annaba, où, avant l'indépendance de l'Algérie, il y avait de nombreux Naouri dans diverses professions libérales, parmi les artisans, les commerçants et même un grand rabbin. Au dire de ma mère, mon grand-père paternel lui-même, Abraham Naouri, s'y rendit au moment de marier sa troisième fille pour emprunter le montant de sa dot à ses frères fixés là-bas. Peut-être cela aurait-il mérité que je reprenne mon enquête et que je la pousse plus loin encore. J'ai essayé de le faire en 1980, en adressant un long courrier à l'ambassade de France à Tripoli. Cela n'a eu aucune suite en raison du fait, comme il m'a été répondu, que l'ambassade et tous les documents qu'elle contenait avaient brûlé la semaine d'avant dans l'incendie allumé par les manifestants libyens pour protester contre une décision politique française dont j'avoue ne plus me souvenir.

Quoi qu'il en soit, une branche de cette grande famille se fixa à Tripoli, où naquit et vécut mon grand-père jusqu'à sa migration solitaire à Benghazi à la suite d'une dissension avec les siens dont j'ignore tout. Il semblerait qu'à peine arrivé, à l'âge de dix-sept ans, il ait pensé à fonder une famille. Ma mère m'a rapporté la scène de la rencontre de ce grand-père avec celle qui allait devenir sa femme. Gouta fille de Youssif El Tagiouri dit *Lmguergueb* (le nom veut dire « régisseur », le surnom, « le rondouillard » !), pour lui conférer son identité précise. Le minuscule bout de femme qu'elle était geignait et sanglotait, accroupie au bord du tumulus frais de la tombe de son père. Il y avait dans cette culture une tradition qui avait hissé le culte des morts, les rituels de deuil, le chant funèbre et l'élégie au rang d'un art incontournable. Elle en était à sangloter en égrenant une plainte qu'elle ne cessait pas de répéter : « Pourquoi m'as-tu abandonnée ? Pourquoi ? Pourquoi m'as-tu laissée si tôt ? Pourquoi ? Si tôt seule dans l'existence ? Pourquoi ? Où vais-je donc trouver ? Où ? le bâton, oui, le bâton, qui me permettra de ne pas trébucher dans la vie ? Où… ? », quand elle sentit une pression sur son épaule. Se retournant vivement, elle vit, non sans en éprouver quelque effroi, la pointe d'une canne qui la touchait. Elle eut le courage de relever un peu plus la tête jusqu'à apercevoir la main qui tenait la canne. C'est seulement alors qu'elle vit l'homme détenteur de la canne et de la main. Il était entièrement vêtu de blanc. Il lui paraissait grand, certainement plus grand encore qu'il ne devait l'être du fait de leurs positions respectives. Elle n'était pas revenue de sa surprise que, s'adressant à elle, l'inconnu lui dit : « Viens, suis-moi. Je suis la réponse de ton père.

Je suis là. Je serai pour toi le bâton que tu cherches. » La demande en mariage et le lieu où elle se produisit, pour être à tout le moins exotiques, ne me semblent pas avoir été neutres dans ce qui advint par la suite à cette famille ! L'homme était en effet mon grand-père Abraham, probablement le dernier fils de Haïm Naouri. Il était, paraît-il, aussi grand qu'elle était petite et il avait autant le teint clair, tirant sur le roux, qu'elle était brune et mate.

Si rien n'indique que son propre mariage eut eu lieu en présence de membres de sa famille, il se rendit néanmoins à celui de son fils Youssif qui l'avait averti par télégramme. Le détail n'est pas anodin car il y avait, comme je l'ai dit, mille cinq cents kilomètres entre Benghazi et Tripoli, et son voyage par bateau avait duré deux nuits et un jour. Il ne semble pas pour autant avoir profité de l'occasion pour renouer avec sa famille dont aucun des membres ne fut convié à la noce. Cela était-il à mettre sur le compte du différend qui lui avait valu son départ pour Benghazi vingt-neuf ans auparavant ? C'est plus difficile à croire que l'hypothèse qu'il n'y eut plus personne de cette famille à Tripoli. Dans cette Afrique du Nord de l'époque, des migrations auraient pu s'être produites dans l'autre sens comme elles l'avaient fait dans ce sens-là. Mais il aurait alors fallu que ces familles n'aient pas cessé de faire des allers-retours entre Tripoli et Bône ou ailleurs, pour qu'il eût pu y avoir, quelques dizaines d'années plus tard, au moment où notre migration en Algérie nous déposa à Orléansville, un certain Youssif Naouri ayant résidé à Tripoli et dont nous découvrîmes qu'il était un cousin germain de notre père. Mon frère Dany, avec lequel je discutais du mystère de la présence du seul père du marié à la noce, m'a expliqué, lui qui avait tout de même vécu jusqu'à dix-sept ans en Libye, que cela tenait probablement au fait que les mariages se passaient le plus souvent dans l'intimité. Il reconnaissait néanmoins qu'il y avait aussi des noces avec nouba quand les familles étaient aisées. Si tel était le cas, la famille de ma mère aurait pu s'attendre à ce que le père du marié, prétendu riche par son fils, fît quelque effort en ce sens. Et si tel n'a pas été le cas, n'aurait-elle pas eu quelque raison de s'interroger sur la validité du récit qui lui avait été fait ? À moins que la coutume eût été de faire payer la noce à la famille de la mariée et qu'on eût considéré la discrétion du beau-père comme un geste délicat ? Je n'ai aucun indice pour en décider. Le seul détail que ma mère m'a rapporté concernant directement mon grand-père paternel, c'est qu'il avait été, tout le long de son séjour, de méchante humeur, à cause principalement de ce possible problème d'âge que j'ai évoqué. Ce qu'elle apprendra au demeurant de la bouche même de sa belle-mère qui ne manquera pas de le lui rapporter, bien plus vertement encore, en ajoutant qu'elle partageait le dépit de son époux. Que s'en sera-t-il dit entre père et fils ? Le père garda-t-il le silence en raison du long voyage qu'il venait d'accomplir, ou bien rencontra-t-il la détermination enamourée de son fils comme le laisserait penser la suite de l'histoire ? Quand, pour ma part, je regarde la plus ancienne photo que j'aie de mes parents, avec leur premier enfant qui semble avoir deux ans, je trouve que ma mère fait en effet déjà femme, alors que l'habitus de mon père semble encore parasité par celui de son adolescence.

Le retour pour Benghazi se fit par bateau, au terme des huit jours rituels que durait le mariage. Huit jours pleins, en effet, en raison de motifs dont bien peu de personnes dans mon entourage direct d'aujourd'hui soupçonnent la pertinence. La nuit de noces entraînant la défloration, et cette dernière produisant en principe un saignement, les règles de la pureté conjugale juive interdisent les rapports sexuels aux conjoints pendant une semaine – un temps identique à celui qui suit la fin des règles. Au terme de cette semaine, l'épousée s'étant rendue au bain rituel, le mariage est célébré à nouveau et béni une seconde fois.

Je crois me souvenir que ma mère m'a dit avoir emporté avec elle son maigre trousseau, quelques ustensiles de cuisine et un matelas qui servit de couchage au couple pendant les deux nuits de la traversée.

Il me semble, à partir de tout ce que j'ai pu entendre et vivre, que c'est sur ce bateau et à partir de ce moment-là que les difficultés commencèrent. Pour ne finir, dirais-je, qu'avec la mort non pas de l'un des protagonistes, mon père, décédé deux mois avant ma naissance, mais des deux, parce que la vie de ma mère, veuve, n'aura été qu'une longue bataille menée sans jamais faillir contre le malheur.

Déception

Elle me raconta en effet que, dès son arrivée à Benghazi, elle découvrit la supercherie dont elle avait été victime. La famille, loin d'être riche comme le fils l'avait prétendu, était des plus nécessiteuses. Le beau-père n'était qu'un tailleur et, pire, un modeste tailleur arabe, c'est-à-dire qu'il confectionnait des gandouras et des costumes à gilets brodés et à sérouals – ce qui ne lui amenait pas une grosse clientèle. La fille aînée avait été mariée hâtivement après avoir été fille mère. La deuxième l'avait été normalement. Quant à la troisième, alors encore célibataire, elle semblait avoir pris la voie de son aînée et affichait une franche détestation de sa belle-sœur. Mais ce que ma mère découvrit surtout, c'est que son époux, quatrième enfant et premier garçon de ses parents, leur avait donné tant de fil à retordre que son père avait décidé de l'exiler en l'envoyant à Tripoli et en ne l'autorisant à en revenir qu'une fois marié.

On peut se demander pourquoi ma mère n'a pas fait immédiatement part de sa déconvenue à sa famille. Pourquoi elle s'est résignée à ce qu'elle a immédiatement perçu comme le malheur qui allait être son lot ? Pourquoi elle n'a pas pu raconter que la magnifique demeure qui devait l'attendre était réduite à une seule pièce comportant pour tout mobilier une méchante *ḫsira,* un tapis de paille de riz, sur lequel elle avait déposé le matelas qu'elle avait apporté avec elle.

Se poser cette question, c'est raisonner dans les termes actuels du mode de pensée de nos relations et de notre monde de la communication facile. Le téléphone, à l'époque, n'était pas entré dans les mœurs – je crois que ma mère ne s'en est jamais servi avant 1945 ! Quant à la poste, elle existait bien, tout comme le télégraphe qui avait averti le grand-père. Mais ma mère était illettrée. Elle ne pouvait donc pas y recourir. Sans compter, et elle devait le savoir, que ses parents n'auraient certainement pas fait grand cas de sa plainte. Ils devaient certainement être soulagés, comme les familles de leur environnement et de leur époque, d'avoir casé une de leurs filles, qui plus est avec son propre assentiment. J'imagine en effet que le père Mani Hassan Boutlatine aurait pu avoir une conversation en tête à tête avec le père Abraham Naouri, qu'il aurait été édifié sur la situation de la famille et qu'il n'aurait rien trouvé à y redire.

Mais quels étaient donc les méfaits qui ont valu à Youssif la sanction de son père ?

Dans le récit de ma mère, il ne pouvait y avoir qu'une cause et elle était flagrante. Dès son arrivée, elle se découvrit en effet porteuse de ce que j'ai compris être une maladie vénérienne (*mard ma'foun*, maladie honteuse) ! Quand elle est revenue une fois de plus sur le fait alors que j'étais déjà médecin, elle m'a précisé qu'il s'agissait d'écoulements. J'en ai conclu que ça ne pouvait pas être une blennorragie, dont je ne voyais pas comment elle aurait pu guérir et ne pas se perpétuer tout au long des années ultérieures, affectant la fertilité, les grossesses et les enfants. Or mon frère Bramino est né en excellente santé le 20 décembre 1920, soit treize mois après le mariage, augurant les dix grossesses qui sont survenues en dix-huit ans. J'en ai conclu qu'il avait dû s'agir d'une infection à germes banals dont les antiseptiques de l'époque, prescrits au couple par le médecin consulté, ont dû venir à bout. Mais, à partir de cet indice, ce qui pour ma mère avait dû valoir à mon père la sanction du sien était incontestablement son inconduite en matière sexuelle. Pour me le confirmer, elle n'hésita pas à me donner un détail du goût prononcé, et abominablement indécent à ses yeux, qu'il avait pour les femmes. Un jour qu'ils se promenaient ensemble et qu'ils grimpaient une dunette, il eut le toupet de la prendre à témoin pour lui faire admirer la beauté de la croupe et des mollets d'une Bédouine qui les précédait dans l'ascension. « Une Bédouine ! Une nomade ! Pas même une Arabe sédentaire ! », s'emportait-elle. Un comble, en quelque sorte. Une femme qu'un bon juif ne devrait pas même se laisser aller à regarder. Est-ce une Bédouine qui aurait pu le contaminer ? Une putain, bien entendu – les bordels existaient, et il y avait même des putains juives. C'est pour éviter aux jeunes d'avoir à sombrer dans le péché qu'on les mariait au sortir de l'adolescence, ce qui d'ailleurs était une pratique de l'époque et qu'on retrouve dans quantité de cultures, y compris de cultures occidentales. Était-ce un motif identique qui avait valu au père de Youssif son propre exil ? On peut l'imaginer. Comme on peut imaginer que, confronté à une conduite qui avait dû lui rappeler la sienne propre, il adopta, en sens géographique inverse, la solution que son propre père avait prise à son endroit.

Précarité et misère

Il semble par ailleurs que cette période ait été marquée par de perpétuels conflits de ma mère avec sa belle-mère et par des problèmes récurrents d'argent.

Pour ce qu'il en est des conflits, j'en ai autant oublié les motifs – il y en a eu tant ! – que la nature. J'en ai gardé en mémoire la seule violence, si j'en crois la signification de la malédiction, rapportée par ma mère, que Gouta lançait de façon récurrente, à la cantonade et à la moindre occasion : « *Ya kabbour reddou ba<u>h</u>our* », ce qui pourrait se traduire par « Ô saint Kippour, rends mon fils à nouveau célibataire ! ». Comme vœu de mort sur sa belle-fille, il est difficile de faire mieux. C'est pourquoi elle disait quand l'occasion se présentait : « J'ai tellement souffert de la relation avec ma belle-mère que j'ai décidé d'être toujours gentille avec mes brus. » Ce qui sur le plan formel était vrai comme en témoigne un échange qu'elle a eu le jour de mon mariage avec une dame chrétienne qui, lui disant : « Alors, madame Naouri, vous perdez encore un fils ? », s'entendit répondre : « Non, madame, je gagne une fille. » Mais en vérité, à considérer la manière parfois dure dont elle parlait à ses fils de leurs femmes, ce n'était pas si simple ! Elle ne laissait rien passer et le moindre défaut qu'elle relevait chez ses brus était l'objet de longs discours.

Plus tard, ce furent les conflits avec Meryem, la troisième des sœurs de son mari, probablement rendue acariâtre par sa position de laissée-pour-compte, puis avec Gamila, l'autre belle-fille, l'épouse de Moché, le frère cadet de mon père, qui, manœuvrière, avait entrepris de s'allier avec sa belle-mère contre le reste de la famille. C'est elle qui accueillit Bramino après le décès du grand-père Abraham Naouri qui survécut à peine quelques semaines à son fils Youssif. Quand il lui dit que sa mère l'envoyait réclamer leur part de l'héritage, elle lui flanqua une gifle violente en la ponctuant d'un terrible aphorisme du cru en forme de distique : « *Elli imout bou qbal men jeddou yistahêl kêf 'ala khadou* », celui dont le père décède avant le grand-père ne mérite qu'une une claque retentissante. Elle avait vingt-quatre ans et lui à peine dix-sept. Ce qui est extraordinaire, c'est que, lorsque, des dizaines d'années plus tard, je rencontrerai pour la première fois ma tante paternelle et cette fameuse Gamila en présence de ma mère, je verrai éclore en un instant sous mes yeux la haine féroce qu'elles se portaient mutuellement !

Pour ce qu'il en est des problèmes d'argent, j'ai cru comprendre qu'ils provenaient essentiellement du fait que mon père aimait beaucoup « faire la bringue ». Le fait ne me semble ni facile à comprendre ni facile à intégrer. Aux dires de mes frères, il était pieux et versé dans les textes religieux : « Il avait une voix encore plus émouvante dans ses accents que celle de Bramino, m'a confié un jour Dany qui, lui-même, avait une très belle voix. Et quand il entonnait les psaumes, ses modulations étaient plus frappantes encore sur fond du silence qui se faisait soudain dans l'assistance. Pour le plaisir qu'il prenait et qu'il donnait à cette récitation, il allait parfois à la synagogue dans la nuit du vendredi sur les coups de deux heures du matin. Il enchaînait l'exercice avec l'office du matin qui se terminait vers les sept heures. Puis il passait par la place de la Mairie pour assister éventuellement à la pendaison publique des opposants arabes condamnés par les Italiens. Un jour en arrivant, il nous a raconté, bouleversé, avoir vu un père supplier de façon déchirante le bourreau arabe de le pendre avant ses enfants pour ne pas avoir à assister à leur exécution ! »

Le chantre, l'homme pieux, le lecteur des psaumes n'en fréquentait pas moins, et non sans en tirer quelque fierté, aux dires de mes mêmes sources, le cercle des sous-officiers en y dépensant, en diverses tournées, une partie de son maigre pécule. Il était donc fauché. Il se savait fauché. Il en était désespéré et il le laissait entendre. Mais il ne faisait pas grand-chose pour changer de comportement. Dany m'a raconté que, à la bar-mitsvah de Bramino, il lui aurait demandé une pièce pour faire un tour à dos d'âne comme les autres enfants. Il lui aurait répondu : « Vois-tu, mon fils, un père est destiné à mourir. Et comme chacun, à ne mourir qu'une fois. Mais un père pauvre meurt, lui, une multitude de fois. Il meurt chaque fois qu'un de ses enfants lui fait une demande et qu'il ne peut pas la satisfaire. » Poète, poète fauché, mais poète encore et toujours !

En association à ce propos, il me revient deux anecdotes que je ne peux pas ne pas rapporter.

La première, que je tiens de ma mère, c'est la révolte véhémente qu'exprimait déjà Bramino, à peine adolescent, au constat de chacune de ses grossesses. Il se répandait en propos violents contre son père, n'hésitant pas à hurler que, « lorsqu'on est un adulte responsable et un tant soit peu conséquent, ou bien on "met un bouchon" ou bien on va faire le docker au port pour assurer la subsistance des enfants qu'on met au monde ». Elle avait le plus grand mal à le calmer. Elle m'a raconté avoir été contrainte une fois de le ligoter et de le laisser ainsi plusieurs heures durant, et, une autre fois, de lui avoir fait passer une nuit en prison avec l'aide d'un « secourable et compréhensif » commissaire de police ! Néanmoins, en présence de son père, apprenais-je quand je la questionnais à ce propos, Bramino était toujours extrêmement respectueux. C'est sans doute ce mélange de révolte et de respect qui lui valut un rêve marquant qu'il me rapporta à la fin de sa vie. Ayant scrupuleusement observé pendant des mois après la mort de son père le lourd rituel de deuil, il crut pouvoir un soir aller s'asseoir un petit moment près d'un boui-boui de bord de mer, tout proche de la maison, qui diffusait les mélopées plaintives (*nouwahat* le même mot qui dit « élégies », « chants funèbres ») de Mohammed Abdelwahab. Il trouvait que cette musique, loin de le distraire de sa propre tristesse et de son propre malheur, les exprimait à souhait. Dans la nuit, il vit en rêve son père venir vers lui, en larmes, le visage griffé, la tête couverte de cendre et d'un méchant sac de jute, et lui dire : « Comment as-tu osé, toi, mon fils, mon aîné ? Le temps te pèse donc tant que cela ? C'est tout le respect que tu rends à ma mémoire ? » Brutus ou Hamlet ?

La seconde des anecdotes que j'ai annoncées concerne la stratégie gestionnaire de ma mère. Elle faisait les poches de son mari et lui volait toujours un peu d'argent. Elle parvenait ainsi à en mettre un peu de côté. Elle prétendait au demeurant que toutes les femmes, dont elle avait une bien piètre opinion, agissent ainsi, même si aucune n'avait le courage de le reconnaître. Et combien de fois d'ailleurs ne m'a-t-elle pas engagé à me méfier moi-même de mon épouse à cet égard ! Avec cet argent, elle achetait des bijoux. Dans les moments difficiles, quand il lui était impossible de faire autrement, elle allait mettre ses bijoux en gage chez un prêteur. Après quoi, elle remboursait petit à petit son emprunt jusqu'à recouvrer son bien. Son grand regret aura été à ses dires de n'avoir pas pu récupérer, avant que nous ne quittions la Libye, une magnifique et très ancienne broche qu'elle avait mise au clou et qu'elle avait déjà pratiquement remboursée. Qu'étaient donc les situations difficiles, lui ai-je demandé un jour, interrompant les confidences qu'elle me faisait alors que je n'étais qu'un petit enfant ? Elle me répondait que le pire pour mon père, c'était les *kembial*. Je n'y comprenais rien. En quoi un *kembial*, le mot dont elle usait pour désigner le tablier d'écolier dont elle était en train de me faire l'essayage, pouvait-il semer la panique ? Mon père était dans la couture, mais faisait-il lui aussi des *kembial*, des tabliers d'écolier, me demandais-je ? Et en quoi leur facture pouvait-elle l'effrayer alors qu'elle semblait, elle, l'assumer avec aisance sans pourtant être une professionnelle comme lui ? J'ai mis des années à comprendre, et mon intérêt pour la linguistique a dû prendre racine dans des faits de cet ordre, que le mot était une déformation de l'italien *cambiale*, lequel désigne aussi bien une « lettre de change », autrement dit une traite à échéance, qu'un sarrau d'écolier destiné à être « changé ». J'ai alors aussi compris la haine qu'elle avait de toute opération de crédit ou d'emprunt. J'ai moi-même fonctionné longtemps, très longtemps, avec cette phobie, au point d'avoir toujours eu la hantise du manque d'argent et de ne m'être jamais rien payé, ni rien payé aux miens, que je ne pouvais régler au comptant. Quand mes amis profitaient de l'inflation à deux chiffres pour s'enrichir, moi, je vivais sans rien entreprendre de ce qui aurait pu m'inscrire dans la dynamique de nos sociétés. Toute ma fratrie, au demeurant, a fonctionné sur le même mode que moi ! Et je ne suis pas sûr que nous ayons, eux comme moi, jamais réussi à dépasser ce malaise. Mais en était-ce vraiment un quand elle nous a appris très tôt à supporter toutes les situations en nous répétant : « Si tu n'as pas ce que tu aimes, aimes ce que tu as » ? Une manière d'inviter à privilégier l'être par rapport à l'avoir !

IX. Les racines du délire - 3

Les naissances

C'est dans ce contexte relationnel et économique que les naissances se succédèrent. Quand il lui arrivait de revenir à l'une ou l'autre, ou bien de parler de ses accouchements, ma mère opposait régulièrement son vécu à celui des parturientes de nos sociétés. Elle n'avait pas de mots assez durs pour dénoncer les abus des femmes actuelles qui étaient parvenues, disait-elle, à transformer en exploit un acte naturel à la portée de toute femelle animale. Elle ajoutait que la manière dont elles en tiraient gloire jusqu'à accepter sinon demander d'être dorlotées les infantilisait et n'était pas pour leur faciliter l'accès au rôle de mère. Elle racontait comment, pour sa part, le bébé allaité et la sage-femme partie, elle se nouait aussitôt un foulard autour du ventre et allait faire sa lessive ou cuisiner pour la famille. Ce qui du reste était le mode de conduite de toutes les femmes de son entourage. La sévérité de son propos, que je l'ai entendue décliner maintes fois et de diverses manières, ne signifiait pas pour autant qu'elle n'accordait vraiment aucune importance à l'acte lui-même. Je pense même que son discours réactif devait masquer la frustration dans laquelle avait dû la mettre sa condition de femme de cette époque et de ce lieu. Et j'en veux pour preuve sa réaction à toute annonce de naissance, que ce fût celle d'enfants de ses filles, de ses brus ou de toute autre personne. Elle ne se préoccupait pas de savoir le sexe du bébé ou s'il allait bien. La question qui fusait immédiatement était toujours la même : « Comment va la mère ? » Et quand la réponse la rassurait, elle ajoutait aussitôt et avec un réel mouvement de sympathie : « Dieu soit loué ! », en accueillant le reste des informations d'une oreille distraite.

Les naissances se succédèrent, ai-je dit. Dix en tout, entre 1920 et 1937, chaque grossesse survenant habituellement dès le sevrage de l'enfant qui venait d'être allaité. Il y en eut quatre entre 1920, naissance d'Abraham (prénom du grand-père paternel qui a donné le diminutif Bramino) et 1925, naissance de Yéhouda (qui signifie rendre grâce à Dieu et explique le diminutif Dany). Mais deux garçons, Nessim (prénom du grand-père maternel) et Khamous (prénom de l'arrière-grand-père maternel), venus l'un après l'autre, décédèrent en bas âge[1]. J'imagine que l'importance de la mortinatalité, à l'époque et en ce lieu, a dû lui permettre de dépasser relativement vite le choc du premier décès. Il n'en alla certainement pas de même du suivant. Si bien que, lorsqu'elle fut enceinte pour la quatrième fois, avec seulement un enfant vivant, Bouba fit le vœu de dédier

1. J'ai reconstitué les faits fort tard. Je savais qu'il y avait eu des décès en bas âge, mais ni quand ni combien. D'où mon ignorance de l'existence de Rachel.

celui qu'elle attendait à la *Hébra* et de rendre grâce du miracle de sa naissance, tous les ans sa vie entière. Cet anniversaire – car c'en était un, même s'il ne coïncide pas toujours avec la date du calendrier grégorien puisqu'il tombait le second jour de la fête de *Chavouot* – n'a jamais rien eu à voir avec l'esprit qui anime nos fêtes à visée avant tout narcissisante. C'est une *Mitsvah*, une bonne action, destinée à remercier répétitivement Dieu de sa bienveillance par cet acte de *Tsedaqa*, de charité. À l'origine, cela consistait à inviter, par annonce au cours de l'office, les membres de la *Hébra* ainsi que les fidèles présents à la synagogue à venir prendre une collation au domicile de l'intéressé. La *Hébra*, comme son nom l'indique en hébreu, c'est l'« amicale », la « confrérie ». Mais pas n'importe quelle amicale, ni n'importe quelle confrérie. C'est celle d'hommes pieux et lettrés, savants lecteurs des psaumes, qui mettent leur science au service des personnes ayant besoin d'entendre lesdits psaumes, en particulier les endeuillés auprès desquels ils se rendaient pour les veillées funèbres et durant les sept jours de la *chiv'a*. Certains de ses membres se portaient par ailleurs volontaires pour effectuer la toilette rituelle des défunts. C'est ainsi que Dany a toujours fait d'office partie des *Hébra* des différents lieux où nous avons habité. Si la personne qui reçoit pour ce type de célébration-anniversaire accomplit une *Mitsvah*, en offrant de la nourriture, ceux qui répondent à son invitation et l'honorent de leur présence en accomplissent une également. Je me souviens que même les snobs et les richards d'Orléansville acceptaient de venir à cette occasion nous rendre visite dans la misérable demeure que nous habitions à notre arrivée et que nous appelions « la cave ». Ma mère continua longtemps, après notre installation à Paris, d'organiser la réunion chez elle. Mais, comme les distances ne permettaient pas de déplacer la *Hébra* ou les fidèles de la synagogue, elle invitait les amis, les relations et les connaissances. Quand elle ne put plus physiquement l'assumer, elle en confia le soin à Dany lui-même et à sa femme, en leur faisant promettre de ne jamais interrompre le rite – promesse qui fut tenue jusqu'à leurs disparitions respectives.

Dany, au dire de Bouba, a eu une première année difficile – ce qui peut se comprendre si on fait intervenir l'angoisse maternelle suscitée par les décès précédents, le vœu propitiatoire et l'attente anxieuse de l'anniversaire tant espéré. Il paraît qu'il pleurait tout le temps. Et Bouba m'a souvent vanté, à l'occasion de ce récit récurrent, l'extrême gentillesse et la patience de Bramino qui acceptait, des heures durant, de le bercer dans son hamac en ne cessant pas de lui chanter tous les airs qu'il connaissait. Est-ce de là que daterait le rapport si particulier, et si parfait, que Bramino a toujours eu à l'art et en particulier à la musique et au chant ? C'est en tout cas certainement de cette période que doivent dater la solidarité et l'ambivalence de la relation de ces deux frères auxquels je regrette de ne pas pouvoir, ici, rendre l'hommage qu'ils méritent ni de dire la reconnaissance extrême que je garde à leur endroit. J'ai souvent entendu Bramino me dire que les parents passaient tout à Dany, qu'ils le gâtaient au-delà du supportable pour lui. Il illustrait son propos en ajoutant qu'il n'avait pas le droit de refuser d'aller au Talmud-Torah les jours où il n'y avait pas école. Mais si en revanche il demandait à Dany de dire aux parents qu'il ne pouvait pas jouer seul, il s'entendait proprement interdire de quitter la maison.

Je voudrais m'arrêter un instant sur les naissances de quatre garçons de suite. Il y a déjà longtemps, j'ai émis l'hypothèse[1], étayée par la clinique au cours de ma carrière, que le sexe de l'enfant est déterminé par la relation que la mère entretient à sa propre mère au moment de la conception. Ma mère en l'occurrence aurait pu avoir voulu dire à sa mère par cette succession de garçons : « Je ne veux pas faire vivre à une fille ce que tu m'as fait vivre. » Mais cette hypothèse pourrait être doublée d'un déterminant différent mais tout aussi important. Le verbe qui dit la parturition en arabe est le verbe *oualada* qu'on serait tenté de traduire paresseusement par « accoucher ». Or, dans la langue arabe, la redondance étant la règle, un complément direct tiré de la racine de ce verbe est destiné à renforcer le sens de ce verbe. Celui de *oualada* est *ouald* qui veut dire « garçon ». En arabe, la parturition est sexuée. Si on dit d'une femme *oualdat*, cela suffit pour faire savoir qu'elle a mis au monde un garçon. Si bien que la traduction la plus fidèle et la plus précise du verbe *oualada* serait un néologisme tel que « garçonner ». Car d'une femme qui met au monde une fille, on ne peut pas dire *oualdat bent,* ce serait un barbarisme, on dit *jabat bent*, elle a « apporté » une fille. Dans la mesure où *oualdine*, dérivé de *oualada*, désigne les parents, les géniteurs, la succession des générations est placée sous le signe du

1. Voir Naouri, Aldo, *Les Filles et leurs Mères*, Paris, Odile Jacob, 1998.

masculin – ce qu'on retrouve chez Aristote dans l'importance conférée à l'engendrement. Voilà qui expliquerait la survalorisation du sexe masculin dans cette langue et qui expliquerait qu'une femme mettant au monde un garçon, et *a fortiori* plusieurs de suite, puisse s'estimer avoir pleinement accompli son destin de femme et tirer du fait une certaine satisfaction sinon une certaine assurance. Ayant souffert du faible investissement de sa mère et du langage trompeur de son mari, ma mère aurait investi son potentiel procréatif pour ne pas sombrer. À ceci près que deux de ces garçons meurent, ce qui n'est pas si simple et ce sur quoi je reviendrai.

La venue de Guita (contraction de Gouta et de Margarita) en 1927 fut, paraît-il, un événement. Je l'ai souvent entendue raconter, elle-même, que son père l'aimait beaucoup, qu'il l'adorait et qu'elle était la préférée de ses enfants. Mais j'ai toujours reçu ses confidences comme une forme de douce et somme toute assez affligeante divagation. Sa position dans la fratrie me semblait, et était, tellement secondaire que je ne pouvais prêter aucun crédit à des assertions que notre mère n'a jamais confirmées. Chez elle, il n'y en avait que pour les garçons, et la venue d'une fille dont elle savait par avance qu'elle recevrait selon la tradition le prénom de sa belle-mère n'a probablement pas dû lui faire grand plaisir ! Ce qui me confortait dans ma conviction que Guita se racontait des histoires, c'est qu'elle accusait également notre mère de lui avoir toujours préféré Viola. Car Viola était certainement, et plus encore que Yolande, l'être le plus maltraité de la famille, en particulier par sa mère qui la traitait de *bouma*, chouette, en référant ses gémissements ou ses pleurs aux cris sinistres, désagréables et vecteurs de malheur de l'oiseau de nuit. La divagation, comme c'est toujours le cas, ne me semblait en être une que parce qu'elle obéissait à une logique dont longtemps je n'ai pas eu la clef. Une fois, mais très tard dans ma vie, la succession des faits correctement mise en place, tout s'est éclairé. Guita avait transféré sur Viola la jalousie qu'elle éprouvait envers Rachel avant que cette dernière n'eût disparu. J'ai également compris pourquoi ma mère plaçait ses garçons au-dessus de ses filles dont aucune ne pouvait remplacer sa préférée défunte. Guita a certainement été l'enfant adorée de son père : d'une part elle était la première fille après quatre garçons, et elle portait par surcroît le véritable prénom, non déformé, de la redoutable grand-mère Gouta. Il est dans l'ordre habituel des choses qu'un père reporte sur sa fille l'affection qu'il a eue pour sa mère. Et d'autant plus qu'il a été fortement investi par cette dernière. Ce qui fut le cas de Youssif, premier garçon après trois filles et auquel sa mère a donné le prénom de son propre père. Je reprendrai plus loin cette vaste question dont je n'avais qu'une connaissance partielle puisque, pour moi, après Guita, il y eut la naissance de Chaoul en 1931, puis plus tard celle de Viola en 1933, de Yolande en 1935 et enfin la mienne en décembre 1937, précédée, deux mois auparavant, par la mort de notre père. J'ignorais en effet alors la naissance de Rachel en 1929.

Je ne peux pas rater l'occasion d'illustrer une fois de plus la manière dont l'inconscient s'exprime dans et par le langage. Et ce à propos du prénom de ma sœur Viola. J'ai demandé un jour à ma mère de me parler de la grossesse et de la naissance de cette dernière. Elle me raconta qu'elle s'était présentée mal, par l'épaule, et que la sage-femme avait eu beaucoup de difficulté à la retourner, si bien que le liquide amniotique était très foncé – ce qui traduit une souffrance fœtale. Je lui ai demandé comment elle avait trouvé le prénom. Elle me dit que c'était la traduction italienne de la fleur *nasriya,* violette. Continuant de parler, elle me raconta que, pendant sa grossesse, elle habitait deux chambres donnant sur une cour où elle regardait tous les matins avec grand plaisir un beau capitaine italien se laver et se raser, torse nu. Elle a eu une *touhima* pour cet homme, le mot désigne les « envies » (à respecter et éventuellement à satisfaire selon le discours populaire) des femmes enceintes. La particularité de cet homme, c'est qu'il élevait une chouette ! Ma mère reprochait à ma sœur de hurler comme une *bouma*, une chouette, à laquelle fait allusion le mot *Nasriya* qui, en plus de dire violette, désigne un oiseau de proie femelle !

Aimer ce que l'on a...

Bien qu'elle eût débuté sous le signe du dépit et du malheur, il a dû tout de même y avoir de beaux et bons moments dans la relation du couple de mes parents. Effet possible de la sagesse qui commande d'aimer ce que l'on a à défaut de n'avoir pas ce qu'on aurait aimé avoir. Bouba me racontait que Youssif lui demandait sans cesse si elle l'aimait et tout ce à quoi j'ai déjà fait allusion. Quand elle se lançait dans ce genre d'évocation, elle était inépuisable et elle s'en amusait beaucoup, traitant son homme de galopin comme s'il était encore là, ou à peine parti quelque part la veille. Et elle ne mettait fin à sa narration qu'en rappelant à chacun, par un de ses innombrables aphorismes, que *zouz m'achrin, elkid 'ala ouahad*, ce qui pourrait se traduire, avec toujours la même regrettable perte de force que confère la concision, par « si tu en vois deux s'entendre, c'est que l'un d'eux supporte beaucoup ».

Lequel des deux a le plus supporté ? Qui peut le dire ? Certainement pas ma mère, partie prenante du discours passionnel, même s'il m'est arrivé de tenter de recouper son témoignage par ceux de mes frères qui avaient respectivement dix-sept et douze ans au moment du décès de notre père.

Je rapporterai cependant, de la vie de ce couple, un indice auquel je suis prêt à n'accorder que l'importance qu'il a eue pour moi.

J'ai déjà dit de ma mère qu'elle était une extraordinaire conteuse. Pendant des années, quand nous habitions à Orléansville, en Algérie, dans ce que nous appelions « la cave », nous nous réunissions tous les soirs dans la cour. Nous nous tenions assis autour d'elle sur une *hsira*. Et chacun de nous, des plus petits aux plus grands, avait un contact direct avec son corps. Nous étions comme des poussins sous les ailes d'une poule. J'avais pour ma part la meilleure place avec ma tête dans son giron. Elle entreprenait alors de nous raconter une histoire, ou la suite d'une histoire en cours. C'est ainsi que nous eûmes droit, au fil des mois et des années comme je l'ai déjà signalé, à la narration successive des *Mystères de Paris*, du *Comte de Monte-Cristo* et des *Mille et Une Nuits*. C'est probablement ce qui m'a conféré le talent de conteur qui m'est reconnu. La transmission ne s'est cependant pas arrêtée à moi. Elle a été reprise par ma fille Agnès[1] qui mène une carrière de romancière en sus de celle de traductrice dont je l'ai entendue publiquement dire qu'elle avait pris racine autour de mes propos quand je disais d'une phrase arabe qu'elle était intraduisible.

Longtemps après que le rituel du soir de ma mère eut cessé, je lui ai demandé un jour d'où elle tenait ces histoires et comment elle les avait gardées en mémoire. Elle me raconta alors que mon père était un boulimique de lecture – c'est probablement ce qui fit de moi le boulimique de lecture que j'ai été très tôt. C'est lui qui lui faisait, le soir, au lit, la lecture des œuvres qu'elle avait mémorisées. D'autres fois, ajoutait-elle, il lisait pour lui seul, de gros livres. Et quand elle lui demandait ce dont ils parlaient, il lui répondait que ça décrivait les souffrances des juifs d'Europe et qu'il préférait ne pas lui en rapporter l'horreur de crainte de la faire pleurer.

Cette confidence a donc mis en moi, longtemps, très longtemps, l'image du couple de mes parents comme d'un couple on ne peut plus uni. Elle m'a donné par ailleurs la certitude de l'incroyable talent de traducteur de mon père. La performance me semblait en effet de taille : lire un texte dans une langue et le

1. Elle s'en explique dans : Desarthe Agnès, *Comment j'ai appris à lire*, Paris, Stock, 2013.

restituer verbalement et instantanément dans une autre – l'italien de ma mère était bien trop rudimentaire pour me laisser accroire que la lecture se faisait directement dans cette langue. J'étais fondé à imaginer les choses ainsi puisque j'avais vécu un épisode du même ordre. Tout le temps que nous avons habité « la cave », il y avait, à mi-journée, un autre rituel : Dany, assis sur le chambranle d'une étonnante fenêtre qui séparait les deux minuscules pièces de l'endroit, nous faisait directement en italien la lecture du journal français. Nous formions cercle autour de lui, ne perdant pas un détail des nouvelles du front et du devenir de la guerre. La lecture était bien évidemment destinée aux grands. Nous, les petits, je veux dire Viola, Yolande et moi, n'y étions pas en principe intéressés, et d'autant que nous n'avions aucune pratique de l'italien. Mais il ne nous serait pas venu à l'idée de nous éloigner ou de rater la réunion. Il est probable que le peu d'italien que j'entends encore me soit resté de cette époque. Un jour, avant que nous ne nous mettions à déjeuner comme nous le faisions après la lecture, j'ai interrompu les commentaires des grands pour poser une question qui les a fait rire : j'ai demandé si, la guerre finie, il continuerait toujours d'y avoir des journaux. On m'a affirmé que les journaux continueraient de paraître et j'ai été rassuré, comme si on m'avait garanti que nous resterions toujours ainsi unis les uns aux autres.

Des dizaines d'années plus tard[1], j'ai été amené à comprendre que les livres que mon père lisait à ma

1. Voir *Des bouts d'existence*, *op. cit.*

mère n'étaient pas des traductions en italien mais en judéo-arabe certainement écrit en caractères hébraïques.

Un autre souvenir s'accroche à cette évocation : Dany, étant allé inscrire Viola et Yolande à l'école d'Orléansville, en revint émerveillé. Il avait eu accès à la bibliothèque municipale – la bibliothèque de la Ligue de l'enseignement dont Bramino, qui investissait tous les pans de la culture, me payait la cotisation et que j'ai écumée des années durant. Alors qu'il commençait à peine à parler français, il revenait avec en mains *Les Mystères de Paris* en se promettant de chercher les autres livres dont la narration faisait notre bonheur. Je me souviens de m'être emparé de l'ouvrage, alors que j'étais encore loin de savoir lire, et de l'avoir serré des jours entiers contre moi. Était-ce le symbole d'un certain bonheur que j'étreignais ? Ou bien celui d'un malheur que je craignais ? L'objet n'allait-il pas nous valoir de ne plus nous réunir comme nous le faisions ? À moins que ce n'eût été aussi une manière d'investir un objet capable de me conférer plus tard un peu de la puissance que j'attribuais à ma mère ?

Des jours qui s'écoulent

J'ai écrit ailleurs[1] beaucoup de choses sur le quotidien que nous avons vécu dans cette cave et sur les rapports que nous avons eus avec la communauté qui

1. Voir *Des bouts d'existence*, *op. cit.*

nous avait accueillis. J'y ajouterais volontiers ici des détails destinés à parfaire le portrait que j'ai esquissé de ma mère.

Orléansville, qui était une ville de garnison, fut investie très tôt par les troupes américaines qui s'y installèrent fin 1942. Dany, qui avait eu en Libye l'expérience des rapports avec les militaires, entra en relation avec eux, leur proposant un service de blanchisserie. Il rapportait ainsi des paniers de linge que notre mère lavait et repassait. Cela était si mal payé que le terme *wash* entra dans notre vocabulaire courant pour dire « sans valeur », « négligeable », « pas grand-chose ». Dany ne fut pas découragé pour autant et proposa aux soldats de le payer en marchandise, ce qui, somme toute, ne leur coûtait rien. Il fut ainsi payé en fromage, confiture, corned-beef, jambon, chocolat, chewing-gum, œufs en poudre, biscuits et toutes sortes de choses que nous découvrions. Son association avec sa mère fit merveille en cette période de marché noir et toute la communauté venait se fournir à la cave de ce qu'elle ne pouvait pas trouver dans le commerce. Les juifs qui venaient se fournir en jambon et en viande se croyaient obligés de se justifier auprès de ma mère en disant qu'il s'agissait d'une prescription médicale. Elle n'en avait cure, attendant seulement qu'on la paie au prix qu'elle avait fixé.

Le linge s'amoncelait parce que ma mère rencontrait un problème de séchage. Il y avait bien, tout près, une grande terrasse avec des cordes tendues et à laquelle on pouvait accéder par un escalier de fer de quelques marches. Mais son accès était interdit par la propriétaire, Camille.

Camille était l'aînée des trois filles d'un boucher propriétaire d'un ensemble immobilier dont le volume représentait un bon quart du quartier. Elle avait une fille aînée, déjà mère d'un bébé, et trois garçons dont le premier était en terminale au lycée de Blida où il était pensionnaire. Elle avait le même âge que ma mère mais, elle, elle était très belle, blonde aux yeux bleus, avec une carnation claire et une allure juvénile. Elle était aussi très méchante. Combien de fois ne l'ai-je vue venir réclamer à ma mère le loyer de notre « cave » qu'elle ne lui avait pas encore versé faute d'argent. Ma mère se confondait en excuses en lui demandant de patienter deux ou trois jours. Mais, n'entendant rien, elle se saisissait avant de s'en aller d'une pile d'assiettes qu'elle jetait violemment par terre.

Or voilà qu'un jour on l'entendit hurler en appelant ma mère au secours. Elle était sur l'escalier qui joignait son salon à la terrasse, face à son premier fils qui avait perdu connaissance et dont tout le corps était secoué de tremblements impressionnants – en pleine crise convulsive comme je l'ai compris un jour. Ma mère monta à toute vitesse, se mit calmement devant le garçon et demanda à Camille de lui trouver une clef mâle la plus grosse possible. Le garçon, bavant et continuant de trembler, avait les poings serrés. Quand Camille revint avec la clef, ma mère s'en saisit puis, attrapant le poignet du garçon, enfonça l'extrémité de la clef dans l'orifice formé par le petit doigt et la paume de la main, puis tourna la clef vers la droite comme elle l'aurait fait pour ouvrir une serrure. Les tremblements cessèrent et le garçon ouvrit les mains puis les yeux. Camille en pleurs se précipita sur ma mère et l'embrassa en se confondant en remerciements. Ma mère, toujours aussi calme, lui dit que son fils allait dormir, qu'elle ne devait pas s'inquiéter, que ça ne recommencerait pas et que ce n'était qu'une banale crise de « petit dans la merde ». Je n'ai jamais réussi à comprendre la raison de cette appellation conférée à la crise convulsive dans la culture de ma mère. Mais je n'ai pas pu ne pas être amené à y penser. Car ledit garçon devint médecin et, au moment du rapatriement, s'installa dans le XIIIe arrondissement de Paris, à cinq cents mètres de chez ma mère qui faisait parfois appel à ses services. Or, au lendemain de l'épisode de la fameuse cholécystite résolue par les *djnouns*, ma mère demanda à ce médecin, qui n'était intervenu en rien dans le cours de la maladie, de passer la voir. Elle ne lui raconta rien de ce qui s'était passé. Elle se plaignit seulement auprès de lui d'être constipée. Il lui prescrivit un lavement par lequel elle élimina ce bézoard dont j'ai parlé et dont le volume était celui d'une grosse aubergine. Quel rapport y a-t-il entre tous ces faits ? Certainement aucun, sauf les associations d'idées qui ont été les miennes et qui véhiculent peut-être quelque chose d'obscur – les *djnouns* responsables de la crise de « petit dans la merde » ? – à quoi je ne peux pas avoir accès.

En tout état de cause, si ma mère a ouvert d'un tour de clef le poing serré du garçon, elle a aussi ouvert une nouvelle ère de rapports avec Camille devenue tout sucre tout miel. Non seulement elle a eu accès à la terrasse, mais le moindre problème qui survenait était résolu immédiatement. Ce qui nous a changé des épisodes où la bouche d'égout obstruée de la cour nous forçait à marcher dans l'eau sale des jours entiers ou bien quand la descente des W.-C. se bouchait et que nous devions, des jours et des jours, marcher dans la puanteur en évitant les étrons des étages supérieurs. Camille, à l'époque, espérait que, dégoûtés, nous fassions nous-mêmes appel au plombier en prenant à notre compte le coût de son intervention.

Combien difficile fut donc cette vie ! Encore que…

X. Trois petits points

Si l'exploitation du signifiant *lait,* avec un t, m'a permis de franchir des pas de géant dans la menée de mon analyse et de parvenir ainsi à la finir, celle du signifiant *laid,* avec un d, a été négligée, du moins dans le cursus de la cure parce que de fait je n'ai pas cessé d'en être préoccupé et d'en découvrir l'importance. J'ai voulu en faire part à Jean C. le jour où, deux ans après avoir quitté son divan, je l'ai invité à déjeuner pour lui remettre en mains propres mon premier livre. Il s'est fait sourd à ma démarche en me disant, non sans une certaine fierté : « On peut tout de même dire qu'on ne l'a pas ratée cette analyse ! »

Ainsi suis-je resté seul avec mes découvertes.

Celle d'abord qui a consisté à revenir à la fascination dans laquelle me met la beauté, laquelle ne concerne pas seulement le registre plastique happé par la vision. La beauté d'une musique, celle d'une voix, d'une écriture, d'un poème, d'une formulation, d'une démonstration, d'une pensée, peuvent m'amener à être pris de sanglots violents et incontrôlables, de ces sanglots dont Freud dit qu'ils sont des équivalents d'orgasmes. Il m'est souvent arrivé d'écrire aux auteurs des livres qui m'ont mis dans cet état pour leur dire ma reconnaissance. Ce qui pourrait être banal quand il s'agit de romans ou de récits, mais il m'est arrivé de procéder de même avec des biologistes, des physiciens, des musiciens, des cinéastes, des penseurs, des philosophes, des anthropologues, voire des théologiens.

La beauté comme promesse de bonheur inviterait-elle à penser que la laideur serait promesse de malheur et qu'à cet égard les malheurs qu'a connus notre famille seraient consécutifs à une laideur qui nous aurait poursuivis en envahissant tous les registres de notre existence ? La misère, la mort du père, la guerre, la faim, la migration, la transplantation, le mauvais accueil de la société, l'ostracisme, « la cave » et tant d'autres choses ! Mais, au milieu de toute cette laideur, quelle grandeur et quelle beauté que la geste de notre mère affrontant l'adversité et décidée à ne pas s'en laisser détruire. Était-ce tout cela que charriait le signifiant *laid* ?

Là encore, le recours à ma langue maternelle m'a ouvert des voies dont je n'aurais jamais imaginé l'existence. Parce que laid dans cette langue se dit *chin.* Et le mot m'a renvoyé à une phase difficile de ma psychanalyse.

Des points qui changent tout

Un matin, au cours d'une séance, je me suis mis à associer trois signifiants de ma langue maternelle. Ce qui m'a frappé dans l'association, ce ne sont pas les sens de ces signifiants mais leur écriture en arabe. Leur écriture, la manière dont se tracent les lettres successives, est strictement identique. Sauf que le premier mot comporte un point sur la dernière lettre, le deuxième, deux points sur cette même dernière lettre et le troisième, deux points sur toujours la même dernière lettre, mais également un point sur la première lettre, les points étant toujours portés après que les lettres eurent été tracées. Le premier dit *'arf* et renvoie au rêve de mon père qui a présidé à ma conception et que ma mère m'a raconté. L'ange Gabriel avait dit à mon père « De toi va naître *'arf jdid,* "un rameau nouveau" » encore que *'arf* dit aussi « savoir ». Le deuxième, *'arq*, dit aussi bien « veine » que « racine » ou « nerf ». Ma mère m'expliquait que j'étais souvent malade parce que j'étais né d'une racine malade. Le dernier, *gharq*, dit noyade, renvoyant à la noyade de mon frère sur laquelle je reviendrai. J'étais tellement surpris par l'extrême proximité de l'écriture que je tenais à savoir ce qui pouvait réunir ces trois signifiants tels qu'ils m'étaient venus à l'esprit. C'est à ce moment-là que Jean C. mit fin à la séance. Bouleversé d'avoir été bloqué dans mon élan, je lui ai proposé de lui montrer cette écriture. Ce qu'il m'a permis de faire et que je fis en disant : « N'est-ce pas une construction ? Car, après tout, je n'ai appris à écrire que longtemps après avoir entendu ces signifiants. » Il me répondit : « À cela je vous répondrai que toute langue parlée est destinée à être écrite. » Je n'en demandais pas plus. J'étais rassuré sur le fait que je ne délirais pas. Mais, alors que je m'en allais, lui tournant le dos, je l'entendis me dire : « J'ajouterai que, si le signifiant est de l'ordre du symbolique, la lettre est de l'ordre du réel. » Non seulement je n'ai rien compris à son intervention, mais elle a eu sur moi un effet inattendu en me mettant dans un état de tension difficile. Je ne supportais pas de n'avoir rien compris à cette histoire de signifiant et de lettre.

Pendant le week-end qui a suivi, j'ai eu avec mon épouse une altercation assez vive à propos d'un problème où elle agissait en dépit de toute logique et sur lequel je ne suis pas parvenu à lui faire entendre raison.

Je suis arrivé furieux à ma séance du mardi matin, avec le prix de la séance alors que je payais une fois par semaine. J'ai aussitôt dit à Jean C. en lui tendant l'argent qu'étant correct et n'ayant pas eu le temps de me décommander je n'étais venu que pour payer ma séance et lui dire que j'arrêtais mon analyse. Il est tombé des nues. Il ne savait manifestement pas quoi faire ni même où se mettre. Après un instant d'hésitation il m'a indiqué un fauteuil en m'invitant au moins à m'asseoir. Ayant déchargé mon agressivité, j'ai accepté. Alors, avec une voix qu'il a faite le plus douce possible il m'a demandé : « Que s'est-il passé ? » Je lui ai répondu du tac au tac : « Pecci a battu Connors. » Il m'a paru encore plus paumé. L'avant-veille, c'était la finale de Roland-Garros et je l'avais regardée pendant que mon épouse était allée, seule, là où j'avais tenté de lui faire comprendre qu'il ne fallait pas que nous allions. Il avait un regard tellement triste que je lui ai expliqué que Connors était le favori, Pecci l'outsider et que les commentateurs refusaient de prendre en considération les avantages de ce dernier, prévoyant un inévitable retournement de la situation. J'ai enchaîné en lui disant qu'il y avait certainement des choses qu'il n'avait pas entendues et des choses qu'il ne pouvait pas entendre. C'est là que l'habile clinicien qu'il était reprit la situation en mains en me déclarant : « Il est parfaitement possible qu'il y ait eu des choses que je n'ai pas entendues. » Il venait de donner acte de ses droits à l'outsider. J'étais l'outsider. J'avais eu raison d'articuler les trois signifiants arabes. J'avais eu raison de me pencher sur la similitude de leur écriture. J'avais eu raison de mal réagir à cette histoire de signifiant et de lettre qui semblait vouloir ignorer l'importance de l'association. J'avais eu raison contre mon épouse même si elle s'était faite sourde à mon argumentaire. Si bien que j'ai été bouleversé et que je n'ai pas hésité à lui dire : « Votre propos vient de me ressusciter, au sens premier du mot mais aussi au sens de la seconde écriture "re-susciter". »

La séance prit fin et j'ai accepté de revenir le lendemain.

Mais quelque chose de mystérieux circulait à mon insu en moi et m'empêchait de reprendre le cours normal de l'analyse.

Il en fut ainsi pendant plusieurs semaines. J'arrivais avec le prix de la séance qui se déroulait en face à face.

Puis, un matin, j'ai regagné spontanément le divan en déclarant : « J'ai tout compris. » J'ai poursuivi en disant que ça remontait aux trois signifiants de ma langue maternelle et aux trois points qui y intervenaient. Or, dans cette langue, trois points interviennent en même temps une seule et unique fois : pour faire la différence entre le son « s » et le son « ch ». La lettre qui ressemble à un 3 couché donne le son « s » et, dès qu'elle est surmontée de trois points disposés en triangle, donne le son « ch ». « Or, ai-je ajouté, vous avez un sigmatisme interdental, vous ne pouvez pas prononcer le son "ch". » D'où ma crainte, s'il avait des problèmes d'émission, qu'il pût y avoir aussi des problèmes de réception. Et que tout ce que pouvait charrier le son « ch » fût inaudible.

L'analyse reprit son cours habituel. Et se termina comme je l'ai raconté.

Mais le *laid* ne me laissait pas en paix.

Il se dit *chin* qui est aussi le nom de la lettre qui dit le son « ch ».

Laquelle, dans les deux langues, est la première du prénom de mon frère Chaoul !

Aucune épreuve n'est épargnée à ma mère

Chaoul, le beau Chaoul, comme chacun disait de lui. Et c'était incontestable.

Il était vraiment tout à fait à part dans notre famille. Non seulement parce qu'il occupait, de par son âge, une sorte de statut intermédiaire, donc indéfini, mais parce que son physique était particulier. Il ne ressemblait à aucun d'entre nous. Il était grand, athlétique, avec une élégance simple naturelle. Il avait le teint clair, les yeux clairs – plus clairs que ceux de notre mère ou de Guita. Ses cheveux, qu'il coiffait avec une raie sur le côté gauche, étaient châtain clair et lisses – nous avions tous des cheveux frisés, sinon crépus comme Dany, Yolande et moi. Il vivait sa vie, seul dans son coin, ne demandant rien à personne et relativement rétif à la parole de notre mère quand il la jugeait, et c'était souvent, sans fondement. Ainsi avait-il l'habitude, les soirs d'été, de mettre sa litière en face de la porte de la chambre, de l'autre côté de la cour, sous la galerie, de s'allonger sur le dos et, pour se protéger des mouches, de se recouvrir d'un drap des pieds à la tête. Ma mère, assise devant la porte, lui ordonnait vivement, et non sans une certaine angoisse, de découvrir sa tête car c'était péché et ça pouvait porter malheur qu'il eût ainsi l'allure d'un gisant. Pour la faire taire, il découvrait son visage, qu'il recouvrait dès qu'elle était entrée dans la chambre. Elle le retrouvait le matin dans l'attitude qui l'avait angoissée. Le soir, il recommençait. Elle aussi. En vain.

Ce que je peux en dire, à cette distance, c'est qu'il avait de la grâce et beaucoup de charme. Je l'ai vu moi-même le déployer avec succès maintes fois. Il se savait beau. Et il n'avait pas d'autre souci que de parfaire entre autres cette qualité. Il s'était inscrit dans la salle de gymnastique qui jouxtait le commissariat et il en avait rapporté des haltères avec lesquels il pratiquait la musculation sur la terrasse, le matin avant que tout le monde ne fût réveillé. Il travaillait avec Bramino qui le payait, bien évidemment, le montant de sa paie ayant été imposé à l'un et à l'autre par notre mère ! Gardant un peu de l'argent gagné, il s'était mis en tête d'apprendre le piano et il prenait des cours auprès de l'unique professeur de la ville. Je me souviens de l'avoir souvent vu, à la pause du déjeuner, assis sur l'escalier de fer de la terrasse, les yeux rivés sur la page d'un livre de musique – je ne savais pas à l'époque ce que pouvaient représenter ces lignes serrées parcourues de points et de traits qui se ressemblaient tous – se tapant la cuisse du plat de la main en fredonnant tout bas.

Son attitude lui valait parfois de violentes scènes avec nos grands frères. Mais la scène qui revenait le plus souvent, c'était celle du vendredi soir avant shabbat. Guita, à la fin de son épuisante journée, venait de laver à grande eau la cour et l'avait soigneusement séchée avec un morceau de sac de jute qui faisait office de serpillière. Il arrivait alors avec à la main une nouvelle bouteille de O-Cap – c'était son eau de toilette – et se dirigeait vers la buanderie pour y faire ses ablutions. Ses pas laissaient immanquablement des traces par terre. Guita se répandait en reproches et tempêtait d'autant que ses cris le laissaient indifférent. Au comble de l'exaspération, elle le maudissait alors en lui disant : « Que tu meures ! » Une imprécation qui me poursuivra ma vie entière.

Je constate en revenant ainsi à lui que je n'en ai pas beaucoup parlé jusqu'ici. J'ai parlé de nos grands frères, en ne le nommant ou en ne le citant que lorsque la chose semblait nécessaire. Je n'ai pas dit par exemple qu'il a hérité du prénom du grand-père maternel de ma mère, celui qu'elle nommait, quand elle en parlait, *bouya Chaoul*, mon père Chaoul. Un jour qu'elle le citait, je lui ai dit ne plus rien comprendre, pensant que son père s'appelait Nessim. Elle m'a confirmé que son père s'appelait bien Nessim et que Chaoul était le père de sa mère. Je lui ai demandé pourquoi elle ne le désignait pas comme *jeddi* « mon grand-père ». Elle m'a répondu que, si elle disait *jeddi*, mon grand-père, tout le monde penserait qu'elle parlait de son grand-père paternel. Comme si ce titre était réservé à celui-là seul. J'ai ainsi appris que les enfants d'une fille nomment bien leur père *bouya*, mon père, mais nomment leur grand-père maternel *bouya*, mon père, suivi du prénom dudit grand père. Une bien curieuse manière de signaler, et de banaliser du coup, le fait que les filles ne feraient des enfants qu'à leur père ! Et tout cela sans que nul n'ait jamais entendu parler de Freud ou de l'inconscient.

Chaoul, le fils, pas le *bouya*, a fait sa bar-mitsvah à Orléansville, à quatorze ans, et je me souviens que, ce samedi-là, j'ai vu le rabbin et l'ensemble du *Qaal,* « la communauté », venir festoyer à la maison, c'est-à-dire dans la « cave », à la fin de l'office. L'honneur pour nous le disputait à la confusion, mais les libations préparées par notre mère firent l'unanimité. Je me souviens aussi des essayages successifs du beau costume gris foncé parcouru de fines stries blanches que Bramino lui avait fait pour la circonstance et qu'il portait si bien. Il la réclamait de temps à autre, depuis notre arrivée à Orléansville, cette bar-mitsvah qu'on appelait chez nous *tfelim,* déformation de TéFiLiN et contraction de « mise des TéFiLiN ». Elle lui était promise dès qu'elle paraîtrait possible. Il était né le 7 juin 1929, il avait donc treize ans révolus à notre arrivée, et sa bar-mitsvah n'avait pas été possible dans l'atmosphère qui a précédé notre départ. Il l'attendait donc, simplement, en en rappelant discrètement de temps à autre la nécessité, comme s'il ne s'agissait que d'un passage obligé. Il y était tout à fait prêt, ayant fréquenté le Talmud-Torah libyen. Il connaissait toutes les prières, mais il ne marquait pas de grand empressement pour les rituels. Je le soupçonne de n'avoir été assidu aux offices que pour le plaisir des regards qu'il y échangeait avec les jeunes filles qui se tenaient en haut dans la galerie de la synagogue. L'une d'entre elles, retrouvée l'an dernier à la suite de la publication de mon dernier ouvrage, l'a immédiatement évoqué en m'apprenant qu'à la suite de la tragédie qui l'a frappé la jeunesse du cru s'est réunie toutes les semaines pendant des mois pour chanter en chœur une chanson triste à succès de l'époque : « J'ai pleuré sur tes pas, en murmurant tout bas la prière d'adieu, le départ douloureux… »

La tragédie survint en plein été deux ans après sa bar-mitsvah.

C'est arrivé brutalement, un samedi après-midi. Et nous n'avons bien sûr pas pu y croire. Il était rentré de la synagogue en fin de matinée, splendide comme toujours dans son beau costume sombre. Nous avions déjeuné tous ensemble. Puis, après s'être changé, il est sorti, comme les autres frères au demeurant. Nous faisions la sieste au frais, dans cette cave humide qui avait cet avantage, au moins l'été, de nous protéger de la canicule. Nous avons entendu des cris et des pleurs dans le couloir de l'entrée qui amplifiait les sons. Ma mère s'est précipitée, folle d'inquiétude en ayant cru reconnaître sa voix. Je l'ai suivie de près. Là, en haut de l'escalier, c'était Nino, un petit-cousin éloigné de son âge qui pleurait. Il avait un paquet de linge sur l'épaule et il a dit : « Chaoul est mort, il s'est noyé dans le Chéliff. »

Il y a eu les hurlements de ma mère, la course de Guita allant chercher ses frères, et puis… et puis, c'est le trou noir pour moi. Jusque vers la fin de l'après-midi, quand j'ai été invité, avec Viola et Yolande, à accompagner pour rester chez eux monsieur et madame Ch. Lui, il était coiffeur dans la rue d'Isly. Je lui trouvais un air sévère qui m'effrayait d'autant qu'il ne fermait pas le shabbat et qu'il avait un grand fils atteint de diverses difformités et qui louchait. Il était là avec sa femme qui avait de grands yeux verts. Il avait ce jour-là un visage dont la mimique m'a longtemps poursuivi jusqu'à ce que j'aie réussi à comprendre ce que voulait dire « mine bouleversée ». Nous sommes partis avec eux, sans même saluer notre mère – je dis bien « saluer » et non « embrasser », chez nous on n'embrassait pas. Nous ne savions ni où elle était ni ce qu'elle faisait.

Je ne sais pas si le souvenir que je garde des divers commentaires de l'événement m'est personnel ou reconstruit. Je ne sais pas si je les ai recueillis ce bout d'après-midi-là ou plus tard. Ce qui m'a frappé, c'est que les gens qui auraient repêché Chaoul l'auraient trouvé, par trois mètres de fond, le visage entre des pierres. Quelqu'un a dû dire qu'il aura voulu jusqu'au bout préserver sa beauté. Et ça, ça m'est resté. Et peut-être est-ce intervenu dans mon investissement si singulier de la beauté.

Au bout d'une semaine, monsieur et madame Ch. qui nous avaient recueillis, mes sœurs et moi, nous ont ramenés à la maison pour assister à la *Chiv'a*, fin de la première étape, de sept jours, de deuil. Ma première vision depuis le couloir fut celle d'abord de la foule qui occupait la cour : je n'y avais jamais vu autant de monde. Immédiatement après, ce fut la vision de ma mère assise, effondrée, à même la terre sur le pas de la porte, la tête serrée dans un bandeau. À droite de la porte, un monsieur libyen religieux, son éternel béret vissé sur le front, s'occupait à enfoncer, je ne sais pourquoi, des noyaux d'olive dans les interstices des pierres voisines du chambranle de la porte. Et, assise, sur l'escalier de fer, entourée de ses amies qui cherchaient à la consoler, Guita, la tête entre les mains, pleurait toutes les larmes de son corps. La réflexion qui me vint alors me parut constituer une énigme insoluble. Je me demandais pourquoi ma sœur pleurait ainsi au lieu de se réjouir puisque, somme toute, Chaoul était enfin mort comme elle avait si souvent souhaité qu'il le fût. Tout comme une autre fois, à la fin du mois de deuil, voyant Dany de dos, j'avais demandé pourquoi sa chemise était tachée de terre. Il me fut répondu qu'il s'était roulé de douleur sur le tumulus de Chaoul. Je ne comprenais vraiment pas la douleur de Dany que j'avais vu si souvent se disputer violemment avec Chaoul. En logique il aurait plutôt dû être content.

Il aura fallu sept années de divan pour résoudre l'énigme que j'apportais, sans trop savoir pourquoi, à chacun de mes premiers et multiples entretiens préliminaires avec les analystes que j'ai vus. Et j'ai compris l'ambiguïté de la phrase que j'ai dite à l'un d'entre eux : « Je suis venu acheter votre silence. »

L'analyse d'une série de rêves m'avait en effet conduit à conclure que j'avais dû moi-même émettre des vœux de mort à l'endroit de Chaoul. Je me suis alors dit que, si j'avais vraiment prononcé de tels vœux, j'avais encore quelque chance de le savoir en interrogeant ma mère.

Au sortir de ma séance je suis donc allé chez elle et je lui ai raconté ma découverte. Elle a confirmé. Oui, j'avais bien dit à mon frère « que tu meures » deux jours seulement avant qu'il se soit noyé. C'est-à-dire le jeudi 12 juillet alors qu'il s'est noyé le samedi 14 juillet 1945. Mais elle m'a tout de suite affirmé que ce n'était pas mon vœu qui avait produit la mort de mon frère. Et, ce disant, elle a tenu à tout me raconter.

C'était donc un jeudi. Mon frère rentrait d'une absence de quelques jours, il m'a bousculé au passage et je lui ai dit ces mots. Il paraît qu'il s'est retourné vers moi, qu'il m'a pris la main et qu'il m'a donné une tape en me disant : « On ne dit pas ça. » Je dois dire que le détail m'a étonné. Parce que, dans notre dialecte, on dit cela facilement, tout comme on dirait « fumier » ou « connard ». Ça ne tire pas à conséquence. Du moins, en général, ça ne devrait pas tirer à conséquence. Bref, elle me raconte la chose, puis elle ajoute que mon frère était parti pour Alger, en voiture avec l'épicier d'en face le mardi, pour y passer quelques jours chez la femme du bedeau de la synagogue où nous avions séjourné à notre arrivée – elle avait un fils de son âge avec lequel il s'était lié d'amitié. Là, accompagné de son copain, il avait voulu apprendre à nager dans les eaux du port et il a failli se noyer. Il paraît qu'il a fallu les sauveteurs et les pompiers pour le tirer de ce mauvais pas. Ce qui est pire, c'est qu'au sortir de sa mésaventure il a croisé sur le port une femme toute voilée de noir qui lui a proposé de lui lire les lignes de la main. Encore essoufflé, il lui a tendu sa paume ouverte en lui disant qu'il n'avait pas d'argent. Elle lui aurait répondu : « Ça n'a pas d'importance parce que tu vas mourir. » Terrorisé, il a appelé notre mère au téléphone à la boutique d'à côté – c'était la première fois de sa vie que ma mère se servait d'un téléphone – pour lui dire qu'il voulait rentrer d'urgence mais qu'il n'avait pas d'argent. Elle lui a dit d'emprunter l'argent à la mère de son copain à qui elle le rendrait. Il a donc pris le premier train du matin et, pressé de venir dire tout cela à sa mère, il m'a bousculé au passage. C'est alors que s'est produite la scène dont j'ai reconstruit le souvenir par déduction.

Ma mère, dans cet échange, a fait peu cas de ma stupéfaction et de mon émotion tout au long de ce récit. Elle a surtout été préoccupée de me décharger d'une culpabilité qu'elle supposait encore vivace chez moi puisque, à ces années de distance, j'évoquais l'événement. Elle ne s'est donc pas arrêtée de parler. Elle a répété une fois encore : « Ne t'inquiète pas, ce n'est pas ta parole qui l'a tué. » Puis elle a immédiatement ajouté : « C'est la parole de son père. » Moi qui croyais, à l'époque, à peu près tout savoir du passé de la famille, je me trouvais confronté à la narration de détails nouveaux et inespérés. Elle ne s'est pas fait prier pour les donner. C'est à ce moment-là qu'elle m'a raconté un détail d'importance de la fin de vie de mon père.

« C'était une fin d'après-midi de samedi. Il était en train d'agoniser. Je me tenais, effrayée, sur le pas de la porte de la chambre qui donnait sur la cour. Il a soudain crié : "Guita, apporte-moi de l'eau." Guita, qui jouait dans la cour avec Chaoul, n'a pas entendu. Il a alors crié : "Chaoul, apporte-moi de l'eau." Chaoul n'a pas plus entendu que sa sœur. J'étais paralysée. Il a alors poussé un ultime cri : "Guita et Chaoul, que vous soyez les coussins sur lesquels je poserai ma tête au fond de ma tombe !" Il s'est éteint peu de temps après. C'est cette malédiction qui a tué Chaoul. »

J'étais sidéré, sur le cul !

Parce que la noyade de mon frère se mettait soudainement à prendre un sens inattendu. Et les relations de Guita et de mes grands frères à lui s'éclairaient différemment. J'avais tout simplement projeté sur eux la culpabilité qui m'a si longtemps habité. Mais là encore ma mère ne s'est pas arrêtée. Elle a poursuivi : « Voilà pourquoi j'ai fait ce que j'ai fait le jour où Guita a eu son appendicite. » Guita avait en effet déclaré une appendicite deux ans et demi après la mort de Chaoul et notre mère a fermement refusé de la faire opérer. Le chirurgien, fou de rage et réduit à l'impuissance malgré ses colères, a dû la traiter à la pénicilline qui venait de sortir sur le marché. Ça a duré un mois, et elle s'en est sortie. Je me souviens de ma mère murée dans son silence et jeûnant tous les jours. Pendant tout ce mois-là elle a été strictement inabordable. Il est vrai que le chirurgien avait opéré trois appendicites la semaine précédente et qu'elles étaient toutes restées sur la table. Dans une petite ville, ce sont des choses qui se savent. « J'ai refusé qu'il opère ta sœur, a-t-elle poursuivi, parce que, la veille du jour où elle a déclaré sa maladie, j'avais rêvé de ma belle-mère. Elle cherchait à me retirer une couverture que j'avais entre les mains. Et moi, je m'y agrippais en lui disant : "Tu m'en as déjà pris une, pas question que tu me prennes l'autre." »

J'en ai évidemment été encore plus stupéfait, me disant que cette bonne femme illettrée, cette bonne femme superstitieuse, cette bonne femme qui, sa vie durant, a fait intervenir les *djnoun* et le mauvais œil à tout bout de champ, cette bonne femme qui n'a jamais rien su de la psychanalyse, de l'inconscient ou de la *Traumdeutung*, cette bonne femme-là, elle est allée jusqu'au bout de son interprétation. Parce qu'une histoire de noyade qui prend naissance avec le désir d'eau d'un mourant et un rêve qui met en place une grand-mère paternelle au lieu du père et une couverture au lieu d'un coussin, c'est une dissertation sur le déplacement dont Freud lui-même n'aurait pas osé rêver ! Un déplacement qui répondait si parfaitement de surcroît à la projection de ma culpabilité sur Guita et Dany ! Quelle chance ai-je eu d'avoir accès à ce récit !

En 1986, alors qu'à sa demande j'emmenais Bramino malade en Israël, j'ai rencontré Nino, ce lointain petit-cousin, l'annonciateur de la catastrophe que je n'avais plus jamais revu depuis son retour en Libye en novembre 1945. C'est lui qui était venu nous chercher à l'aéroport. Il parlait un français aussi excellent que son hébreu. Et sans son intervention, je ne sais pas comment j'aurais fait pour dédouaner la cantine qui contenait les poches de dialyse de Bramino. Il nous a accompagnés à notre hôtel et il est vite reparti. Il est revenu nous chercher le soir même pour nous emmener dîner chez lui. Je suis descendu dans le hall pour le faire patienter en attendant que Bramino finisse ses soins. À peine nous étions-nous assis qu'il m'a déclaré tout de go n'avoir été pour rien dans la mort de Chaoul. J'étais à des lieues de cet épisode. Mais je n'ai pas pu l'interrompre tant il lui semblait important de se dédouaner auprès de l'un d'entre nous d'une accusation qu'il supposait avoir toujours existé. Il m'a expliqué, avec insistance et force détails, qu'il était, lui, cet après-midi-là, au café du coin en train de regarder se dérouler une partie de cartes, allant même jusqu'à me donner le nom des joueurs. Et c'est Chaoul qui est venu le chercher et lui proposer une baignade au Chéliff. Il a refusé et a tenté de l'en dissuader. Chaoul a insisté encore et encore. Il a fini par céder. Chaoul n'a pas voulu retourner à leur lieu habituel – j'apprenais ainsi que ce n'était pas leur première randonnée sur les bords déserts de cet oued que j'ai fréquenté moi-même, en cachette bien évidemment, des années plus tard – mais à un autre endroit. Encore une fois, Nino, qui ne savait pas plus nager que lui, l'a incité à la prudence. Chaoul s'est quand même jeté à l'eau. C'était une eau boueuse dont il était impossible de savoir si elle était ou non profonde. Elle l'était. Il s'est immédiatement noyé. Nino, complètement perdu, a hurlé. Il a hélé un arabe qui était là tout près et qui se rhabillait après sa baignade, lui demandant son aide. L'Arabe lui a répondu : « Laisse tomber, c'est un juif », et il s'en est allé. Chaoul n'a pas réapparu à la surface.

Et Nino est donc revenu à la maison. Il a tenu à me raconter les épisodes marquants de la vie mouvementée qu'il a eue après, les tempêtes essuyées sur différents rafiots qui lui ont fait sillonner le globe, les dangers qu'il a courus dans la forêt amazonienne quand il était conducteur d'engins au Brésil, une vie d'enfer, les épisodes des guerres israéliennes, comme pour expier ce qui le poursuivait et qu'il pouvait dire, à moi au moins, n'avoir eu aucune raison consistante d'expier !

La mort de Chaoul a plongé la famille dans l'épaisseur d'un deuil qui, s'il ne l'a pas redoublé, a pris le pas sur celui, inachevé, de notre père. Toutes les tentatives de l'alléger en y trouvant un sens ou une justification quelconques ont échoué. La baignade après le repas et l'hydrocution consécutive, tout comme la période de *Tich'a beab,* le 9 Ab[1], n'ont pu fournir d'élément susceptible de trouver une cause acceptable qui eût pu aider à métaboliser ce malheur. L'hydrocution demeurait un mystère qui résistait au calcul des horaires. Et pour ce qui concerne les restrictions commandées par la semaine précédent le 9 Ab – qui tombait, cette année-là, le 19 juillet – et dont la transgression aurait été ainsi punie, elles étaient censées être légalement levées par le shabbat lui-même. On tournait et retournait tout cela dans la crainte d'avoir désormais à vivre avec l'épaisseur d'un mystère effrayant.

À partir de cet événement, plus rien en effet ne sera comme avant.

Plus rien.

1. Date anniversaire, jour de deuil, de la destruction du Temple de Jérusalem.

Comme si cette mort avait été fondatrice d'un ordre nouveau.

Je n'ai pas assisté à l'enterrement. Viola et Yolande non plus. Mais si, moi, j'ai pu bénéficier d'une analyse pour dépasser cet énorme traumatisme, ça n'a pas été leur cas. Et rien ne dit que leur destin n'en a pas été marqué, tout comme aura été marqué au demeurant le destin de chacun des autres membres de la famille.

Mais, à écrire cette histoire, je découvre un entrelacs de faits qui suscitent des questions auxquelles je ne peux apporter aucune réponse.

Ce fils est maudit, un shabbat finissant, par un père à qui il n'a pas apporté l'eau réclamée et qui mettait le 14 Juillet au-dessus de Yom Kippour. Il meurt un shabbat, 14 Juillet, noyé !

Sa mère, quel que soit son degré de singularité sinon de folie, ne supporte pas de le voir en pseudo-gisant, recouvert des pieds à la tête d'un drap blanc. Qu'est-ce qui obsédait cette femme à la mémoire phénoménale, dans cette vision ? La crainte de voir la malédiction du père se réaliser ? Cette malédiction qu'elle a été certainement la seule à avoir entendue ? Son rêve, à la veille de l'appendicite de Guita, laisse entendre des choses de cet ordre. Et que vient faire alors son opposition obstinée, mais triomphante, à la décision médicale ? Sinon l'enfoncer un peu plus dans l'obsession de la scène qu'elle n'oublie pas au point de pouvoir me la rapporter en détail après quarante-trois ans ! Quelle culpabilité redoublée, à l'endroit de son mari, lui aura-t-elle fait préserver la fille dévolue à l'histoire paternelle au détriment du garçon dévolu à sa propre histoire ? Le dernier à mourir des quatre enfants dévolus par leurs prénoms à son ascendance : Nessim, le deuxième né et porteur du nom de son père, Khamous, le troisième né, porteur du nom de son arrière-grand-père maternel, Rachel, la septième née, porteuse du nom de sa mère, Chaoul, le sixième né, porteur du nom de son grand-père maternel.

Que savait-elle de cette forme de destin dont elle aurait entr'aperçu, en cette sinistre fin de shabbat, les fils se nouant ? Quel lien l'a-t-il unie à son homme pour que, lui mort, son inconscient à elle, la survivante, l'entraîne à œuvrer obstinément à préserver et à reconduire sa parole, et à craindre, terrorisée, qu'elle ne s'accomplisse ?

Sont-ce les seules questions ? Je ne le sais pas. Je n'exclus pas qu'il y en ait d'autres que je n'aurais pas repérées. Celle en tout cas que mon analyse m'aura amené à découvrir : sa tentative, mon père étant décédé, de faire de moi, sans le trahir et en catimini, un crypto-Hassan.

Il me semble cependant que les questions que j'ai ébauchées suffisent à faire comprendre la sidération dans laquelle s'est, longtemps, très longtemps, retrouvée la maisonnée. Une forme de partage silencieux et complice de culpabilité réglait tous les gestes. Le malheur n'a pas cessé d'habiter jusqu'à l'air que nous respirions. La voisine d'en face avait un moment été désignée comme à son origine, au motif qu'elle aurait accroché aux barreaux de sa galerie, pour les mettre à sécher, de gros morceaux de charbon d'un feu qu'elle avait éteint en les arrosant d'eau. Le charbon et le noir en général provoquaient le malheur de ceux dont ils attirent le regard – d'où, d'ailleurs, l'interdit que formula notre mère à propos de ce noir des vêtements de deuil ; rien ne devait changer notre habillement. Cette maudite femme ne pouvait pas, en tout cas, ne pas savoir le risque auquel elle nous exposait. Elle ne s'en est pourtant pas privée, nous contraignant dès le matin à recevoir cette couleur dans les yeux aussitôt la porte de la chambre ouverte.

La vie était réglée autour non plus du shabbat mais de la veille du shabbat. Il était entré dans les faits que notre mère se rendit le vendredi matin sur la tombe de Chaoul. Elle en revint dans l'état qu'on imagine, s'efforçant de ne pas pour autant compromettre les préparatifs habituels auxquels elle se livrait en marmonnant et en gémissant. Combien de fois alors ne l'ai-je pas entendue évoquer son exil et déplorer que son fils n'ait pas été convenablement pleuré. Elle ne cessait pas d'évoquer un *tbal* qui aurait manqué à la cérémonie funéraire. Le mot évoquait pour moi un tambour, mais il était assorti d'une connotation effrayante, maléfique, quasi sacrée. Je n'osais pas lui en demander le sens ni tenter de l'écarter de l'obsession qu'elle en avait. J'étais toujours auprès d'elle, collé à elle. Et je me souviens de m'être mis à la surveiller étroitement, craignant confusément peut-être qu'elle n'accomplît un geste irréparable. Je dormais toujours à ses côtés. Elle s'est levée un matin très tôt. Je me suis réveillé inquiet et, mû par une incompréhensible intuition, je me suis aussitôt levé, contournant comme elle l'avait fait les couchages de mes sœurs. Elle était sortie. Je suis allé, moi aussi, vers la porte entrouverte. Elle n'était pas partie vers la gauche en direction des toilettes. J'ai risqué un regard dans la cour. Elle se dirigeait à droite vers la galerie. La veille au soir, et je me suis souvenu que ça m'avait frappé, elle y avait transporté avec des gestes furtifs, et en plusieurs temps, deux corbeilles à légumes vides, son grand baquet en zinc et les deux balais. Je n'avais d'ailleurs pas compris dans quel but elle déménageait ces objets de la buanderie. Je l'ai vue alors mettre côte à côte les deux corbeilles retournées et poser dessus le baquet retourné. Puis elle est restée, je ne savais pas pourquoi, un long moment debout à regarder le tout. Quand la lumière du jour se fut faite plus crue, je la vis alors se saisir des deux balais et frapper à coups redoublés le baquet en hurlant de toutes ses forces Wou ! Wou ! Wou ! Ce fut un horrible tintamarre. Mes frères se levèrent et se précipitèrent vers elle, la ceinturant fermement. Elle se débattait sans cesser de pleurer, hurler et crier : « *Khallouni, khallouni na'mallou tbal, oualdi lamchoum*, laissez-moi, laissez-moi lui faire le *tbal*, le tambour, mon pauvre fils ! » Accrochés tous à elle, y compris les sœurs elles aussi réveillées en sursaut, nous pleurions en la suppliant de se calmer, chacun avec ses mots au milieu desquels revenait sans cesse *hachma,* la honte, la honte des voisins, bien entendu. Le brouhaha n'a pas cessé de s'amplifier. Elle a mis un temps fou à se calmer, sanglotant et maudissant sa migration, maudissant cette ville qui lui avait « mangé » son fils, maudissant cet environnement qui ne lui permettait pas d'accomplir le rituel de circonstance.

Une Antigone à sa façon.

Pour en finir avec les trois petits points

J'aurais pu en rester là.

Mais, comme j'ai découvert par le plus grand hasard une dernière intervention des trois petits points et qu'ils sont le titre de ce chapitre, j'ai cru bon de la rapporter.

Au cours d'un repas avec Ginette R., nous nous sommes mis un jour à parler cinéma et à évoquer les films qui nous avaient plu et plus encore ceux dont nous pouvions éventuellement dire qu'ils nous avaient marqués. M'est venu alors en tête le titre d'un film dont je n'avais jamais discuté avec personne parce que nul ne l'avait vu : *La Femme aux chimères*[1]. J'ai vu ce film en 1952 à Alger où ma mère m'avait accompagné pour passer l'oral du BEPC, un examen de fin de troisième appelé encore récemment « Brevet des collèges ». Comme j'avais été brillamment reçu, ma mère m'a emmené dans le plus grand cinéma d'Alger où se donnait ce film. L'intrigue m'avait frappé. C'était l'histoire d'amour d'un brillant trompettiste de jazz avec une très belle femme qui, jalouse de lui, entreprend de le détruire. La thématique a dû me renvoyer à mon insu aux réflexions que je me faisais face au comportement de Camille qui était à la fois si belle et si méchante. Au cours de ma conversation avec Ginette R., je me suis rendu compte, avec l'enseignement des trois petits

1. Titre français d'un film américain *Young Man with a Horn* de Michael Curtiz, 1950, avec Kirk Douglas et Lauren Bacall.

points capables de changer le « s » en « ch », que le titre du film pouvait devenir *La Femme aussi mère.* Cette modification me renvoyant à la gentillesse de ma mère, sinon à ma promiscuité avec elle. Un souvenir m'est aussitôt venu en association. Je venais de connaître Jeanne, qui allait devenir mon épouse. J'avais fini ma deuxième année de médecine. Je devais prendre l'avion ce 14 Juillet-là pour entrer en Algérie. Jeanne, avec qui j'avais été toute la matinée, devait passer chez elle pour prendre un imperméable avant de m'accompagner à l'aéroport. Je suis monté avec elle. Ses parents n'étaient pas là. Alors que nous nous apprêtions à partir, elle m'a fait remarquer que je n'avais pas déjeuné. Elle m'a invité à m'asseoir en se proposant de me faire une omelette. Son initiative m'a bouleversé. Nous avons partagé l'omelette et je me suis surpris à me dire que j'avais rencontré une femme très belle dont les attentions touchantes me garantissaient qu'elle ne serait jamais méchante. Une femme très belle qu'il ne m'était donc pas interdit d'envisager d'épouser un jour.

XI. Jusqu'au bout

« J'en ai marre ! J'en peux plus ! J'sais pas quoi faire. Elle me rend folle. Elle arrête pas de dire qu'elle va mourir ce soir. » C'était Yolande qui sanglotait au téléphone alors que j'étais en consultation ce jeudi après-midi. Elle était auprès de notre mère un peu plus souffrante que d'habitude ces jours derniers. La semaine précédente, elle m'avait paru fatiguée, pâle et moins réactive. Si bien que j'ai fait appel à un ami interniste. Il l'a examinée et il a prescrit une batterie de radios et d'examens biologiques qui n'ont rien mis en évidence excepté une petite anémie par manque de fer. Rien qui fût inquiétant, qui annonçât une complication ou encore moins une mort prochaine !

J'ai interrompu ma consultation et d'un coup de voiture je me suis rendu sur place, en blouse et avec mon stéthoscope autour du cou.

Dès que je suis entré, je me suis adressé à ma mère en termes durs, lui reprochant du fond de son lit d'effrayer son monde, et en particulier cette pauvre fille si fragile qui avait tout de même eu la gentillesse de venir lui tenir compagnie.

Elle m'a rétorqué qu'elle maintenait son propos et qu'elle savait qu'elle mourrait le soir même. Qu'elle voulait seulement nous prévenir pour que nous ne soyons pas pris de court.

Pour mettre un terme à ce que j'ai considéré comme un propos manœuvrier sinon délirant, je me suis approché du radiocassette qu'elle avait sur sa table de chevet. Et, en appuyant sur les boutons d'enregistrement, je lui ai dit : « Voilà, j'enregistre notre conversation. Je te la ferai écouter demain pour te confronter à tes bêtises et te faire prendre la mesure de tes manipulations. Je t'ai examinée. D'accord, je pourrais me tromper. Mais je t'ai fait examiner. Nous avons fait des analyses et des radiographies. Ce qui fait que tu as été vue par pas mal de médecins. Tu as été déclarée en bonne santé pour ton âge. Tu n'as aucune maladie grave et tu n'as qu'un comprimé de fer à prendre le matin. Alors, tu arrêtes. Tu as passé une bonne partie de ta vie à nous effrayer tous avec la perspective de ta mort et tu continues aujourd'hui avec Yolande sans même tenir compte qu'elle est la plus fragile de nous tous. Ça suffit ! Sois raisonnable et arrête. »

Elle ne s'est pas démontée et elle m'a rétorqué avec beaucoup de calme : « Oui, tu es un docteur. Tu es docteur, je ne le nie pas. Mais tu es plus encore un âne. Ce n'est d'ailleurs pas la première fois que tu te conduis comme un âne. Quand je te dis que je mourrai ce soir, je mourrai ce soir, même si tous les docteurs disent le contraire et même si le docteur que tu es refuse de le croire. Je vais te dire plus encore : je mourrai parce que c'est toi qui me tues. »

Elle n'a tenu aucun compte des railleries et des protestations que j'essayais d'élever et elle a poursuivi :

« Arrête, arrête et laisse-moi parler. Je ne t'en veux pas. Je dis que tu me tues et non pas que tu m'assassines. Parce que je sais que la méchanceté t'est étrangère et que tu n'es habité par aucune mauvaise intention. Ce n'est d'ailleurs pas pour toi que tu me tues. Ça, je le sais. C'est pour tes frères et tes sœurs. Tu t'es persuadé que la trop grande longueur de ma vie les empêche de vivre la leur comme ils en auraient envie. Alors tu as décidé de les débarrasser de moi. Mais c'est là, mon fils, mon âne de fils, que tu commets une pitoyable erreur. Ne l'oublie pas et garde mon avertissement en mémoire. Je vais mourir, mais tu devras affronter une hécatombe. Il va se passer dans cette famille que tu aimes tant exactement ce qui s'est passé dans la famille de ton père : trois mois après sa mort il n'y a plus eu un seul survivant. Garde ça en mémoire ! Garde-le bien ! Ne l'oublie pas. Je t'aurai averti. »

J'ai haussé les épaules en émettant ces bruits de bouche qui dans notre folklore expriment la dérision. Je lui ai redit d'arrêter de proférer des bêtises plus grosses qu'elle et qu'elle regrettera d'entendre le lendemain. J'ai arrêté l'enregistrement. J'ai rassuré ma sœur et je suis retourné à ma consultation.

Quand je suis rentré le soir chez moi, ma femme m'attendait devant la porte de l'immeuble. Elle avait essayé, en vain, de me joindre à mon cabinet – le portable n'existait pas à l'époque. Mon frère Dany avait appelé. Notre mère était tombée, et sa femme et lui ne parvenaient pas à la relever. Je ne pouvais pas ignorer l'appel et j'y suis allé, furieux de les savoir incapables de se tirer seuls d'affaire et ne pas hésiter à tout me mettre sur le dos. J'étais las et je pensais déjà aux problèmes qu'allait poser la fracture du col du fémur que je risquais de trouver. Je suis arrivé. Ma mère gisait par terre, au seuil de sa chambre à coucher. Elle semblait dans le coma, ce à quoi je ne m'attendais pas. Je l'ai secouée pendant que mon frère m'expliquait qu'elle avait demandé à se lever pour aller aux toilettes et qu'elle s'est écroulée d'un coup. Je l'ai interpellée, lui prenant le pouls et faisant l'hypothèse d'un accident vasculaire cérébral. Je l'ai appelée : « Maaa, Bouba, je suis Aldo, je suis là, réponds-moi, ouvre les yeux. » Elle a émis comme un grognement que j'ai vécu comme un : « Tu vois, hein ! » J'ai alors constaté au stéthoscope que le cœur ne battait plus. Les pompiers qu'on avait déjà appelés sont arrivés à ce moment-là pour confirmer qu'elle était morte. Il était dix-neuf heures trente.

J'ai entendu mon frère et son épouse, ma sœur Viola aussi, qui hurler qui éclater en sanglots.

Ma sœur Yolande qui était retournée chez elle n'avait rencontré aucun d'eux avant son départ et n'avait donc rien pu leur rapporter de la scène de l'après-midi. C'est dire combien j'ai été stupéfait d'entendre Viola raconter que, lorsqu'en allant à son travail le matin, elle était passée voir notre mère, cette dernière lui avait annoncé sa mort pour la fin de la journée, ajoutant qu'elle lui avait dit en avoir acquis la certitude parce que, pour la première fois depuis le décès de notre père quarante-sept ans auparavant, elle avait rêvé au petit matin qu'elle faisait l'amour avec lui.

J'ai senti un grand froid m'envahir et bloquer mon accès au chagrin. Je me suis senti tendu comme un arc. Ma raison vacillait. Elle avait fonctionné encore une fois, une dernière fois, comme elle l'avait fait si souvent au cours de sa vie. Selon des critères auxquels elle avait seule accès. Comment aurais-je pu intervenir sur ces critères ? Comment pouvais-je encore prétendre dresser la moindre logique contre l'abominable réalité ? Les paroles de l'après-midi me sont revenues en bloc et avec une violence à laquelle je ne me serais pas attendu. J'étais un âne ! Et pire encore, un âne meurtrier. Elle l'avait dit et j'étais face à la réalité. Mais de cela, je pouvais encore me débrouiller. Elle m'avait déjà traité d'assassin lorsque j'avais fait hospitaliser Viola qui avait développé après son premier accouchement difficile une septicémie à perfringens à côté de laquelle était passé son accoucheur. Ma vie de médecin m'a appris par ailleurs tant de choses sur les fins de vie et la manière dont parfois elles s'organisent. Je ne me sentais pas plus coupable qu'atteint dans mon statut. C'était le reste qui me préoccupait malgré mes tentatives de l'annuler. Ce reste énigmatique qui acquérait le poids écrasant d'une forme d'oracle, sinon de malédiction : étais-je inexorablement condamné à assister sous peu à l'extinction de mes proches ? Je pouvais toujours essayer de me raisonner, de me défendre, j'étais terrorisé. Et il ne s'agissait pas de superstition. La rigueur scientifique nécessite que chaque chose ait une cause reconnue, si bien que négliger délibérément un argument au motif qu'il ne cadre pas dans l'ensemble du discours est une insulte à la logique. Je faisais l'expérience de l'accomplissement du premier des termes de l'oracle, étais-je autorisé à ne pas tenir compte du second ? Je pouvais toujours évoquer le hasard. Ç'aurait été facile s'il n'avait été question de la part de ma mère de la prescience de son décès. Mais il y avait l'avertissement. Et je ne pouvais pas le négliger au nom même de l'existence de ce qui, sous l'appellation « intuition », désigne une forme de savoir qui en est toujours un, même s'il est autre que le savoir commun.

Je me suis senti écrasé et effroyablement seul.

J'ai accueilli comme un soulagement la suite de gestes mécaniques qui ont suivi.

En un rien de temps le lit fut démonté et transporté dans la salle à manger. Nous avons glissé le corps de notre mère sur le plancher vers la fenêtre de la chambre. Il devait rester à même le sol. Il nous fallait cependant le recouvrir d'un drap. J'ai farfouillé le haut de sa chemise de nuit où elle accrochait à l'aide d'une épingle à nourrice les clefs de son armoire toujours fermée. Elles n'y étaient pas. C'était étonnant parce qu'elle ne s'en séparait jamais. Nous avons fouillé partout, méticuleusement. Elles sont restées introuvables, jusqu'au moment où ma sœur Viola les a aperçues sous l'armoire. Notre mère avait dû elle-même les y jeter. Et il fallait pour cela qu'elle eût été parfaitement consciente. Nous l'avons imaginée, sentant sa fin venir, avoir eu ce geste pour éviter ce qu'elle avait toujours craint : le pillage de ses maigres biens.

Nous l'avons recouverte d'un drap en mettant une bougie allumée à sa tête et une à ses pieds. Après quoi nous avons recouvert d'un linge tous les miroirs de la maison.

J'ai appelé mon neveu, le fils de mon frère aîné. Je lui ai annoncé le décès et je lui ai proposé de m'accompagner pour l'annoncer à son père qu'il fallait absolument ménager – il était très malade, diabétique, en dialyse péritonéale et souffrant d'une grave insuffisance cardiaque. Je savais que ce serait une épreuve. Mais elle a dépassé tout ce que j'avais pu imaginer. Parce que les premiers mots de Bramino, avant même qu'il exprimât sa douleur, furent pour reprocher à Dany, qui le savait fatigué, la proposition qu'il lui avait faite l'après-midi même d'intervertir leur tour de visite et de rester chez lui ce soir-là. Comme s'il estimait qu'il lui avait dérobé le privilège d'assister à ce dernier moment de notre mère, de recueillir son dernier souffle. L'homme pieux qu'il a toujours été a fait appel aux enseignements de la Torah. Pendant le trajet en voiture, il évoqua Caïn et Abel. Mais, arrivé chez notre mère, il revint sur le sujet, reprenant en s'adressant à moi le chapitre du dépit d'Ésaü auquel avait été dérobée par Jacob, son frère, la bénédiction de leur père Isaac mourant. Il me cita en hébreu ce que je retrouverai plus tard dans Genèse 27,33 en insistant sur la manière dont Isaac a dit : « Quel est donc "celui"… » « Pourquoi, a-t-il poursuivi, dit-il "celui" et pas cet intrus, ce trompeur, ce malhonnête ou pire encore ? Pourquoi n'a-t-il émis aucun jugement alors qu'il était fondé à le faire ? » Je l'ai écouté rappeler longuement les considérations et les développements du Talmud à ce sujet. J'étais bouleversé par ce discours métaphorique. Je le verrai s'illustrer de manière encore différente au cours des jours qui se sont écoulés entre le décès et les obsèques. Nous n'avions pas réussi en effet à avoir à temps le permis d'inhumer qu'à cette époque seuls les médecins légistes avaient le droit de délivrer. Comme il était du coup impossible de procéder à l'enterrement avant shabbat, il a fallu attendre le lundi. Les visites des proches n'ont pas cessé durant cette fin de semaine et les veillées ont été organisées. Mes frères venaient aux heures qui leur convenaient pour réciter les psaumes qu'ils connaissaient, l'un et l'autre, par cœur. Quand il arrivait qu'ils soient là ensemble, ils se saluaient à peine et ne se parlaient pas, l'un ne faisant rien pour masquer sa colère, l'autre ayant décidé de faire profil bas.

Je me suis dit que ma mère ne m'avait décidément dispensé de rien en me léguant la gestion du conflit qu'elle avait elle-même mis en place et entretenu depuis toujours.

C'était comme si, au moment même où se terminait sa vie, elle ne me laissait pas d'autre choix que d'ouvrir à nouveau son histoire et de la reprendre dans l'intégralité de ses dimensions.

Elle a été enterrée le lundi. Et je n'ai jamais vu de ma vie autant de monde à des obsèques. Il y avait tout Orléansville, tout Relizane, des personnes que je n'avais pas revues depuis des dizaines d'années, des amis de chacun et chacune de nous dont nombre m'étaient inconnus et même certains de mes patients !

D'où pouvaient sortir tous ces gens ? Et comment se faisait-il qu'ils se fussent déplacés en si grand nombre pour accompagner « à sa dernière demeure », comme on dit, une femme qui avait toujours vécu seule, murée dans le culte d'une vie qui n'avait pas cessé de se dérouler ailleurs et dont elle s'était évertuée à ne pas abandonner le moindre rituel ni sacrifier la moindre croyance. Elle était morte sans jamais avoir parlé français comme si elle avait voulu faire de sa langue d'origine la gardienne jalouse de ce refus d'abandon.

Disciplinée, comme toujours aux heures graves, la foule s'est distribuée autour de l'espace où le cercueil avait été hissé sur des chevalets. Le rabbin Z. lui faisait face. J'étais heureux qu'il fût là et que ce fût lui que mes frères avaient sollicité. Je l'avais rencontré à plusieurs reprises et j'aimais beaucoup de choses chez lui. Avec son feutre à large bord et son visage énergique à la barbe rase, on l'aurait cru sorti tout droit d'un western-spaghetti. Mais cette allure d'ensemble ne faisait que souligner l'extrême douceur de son regard. Je savais qu'il avait jadis été instituteur. Il prit la parole. Et, d'une belle voix grave, un peu éraillée, il prononça pendant plus d'un quart d'heure la plus belle des oraisons dont j'aurais pu rêver. Qu'il eût repris sans en omettre le moindre détail la geste peu commune de notre défunte mère était attendu et a sans doute satisfaisait la curiosité de l'assistance venue pour l'entendre. Mais là où, pour ma part, je lui fus infiniment reconnaissant, c'est qu'il ne fit jamais mention ou même allusion d'une façon quelconque à Dieu, comme cela est généralement de mise en ces circonstances. Et, alors que je craignais encore qu'il n'y vînt en entamant sa phrase ultime : « Son trajet, elle l'a accompli sans jamais faillir et, d'un bout à l'autre de son existence, en glorifiant... », il dit « la vie » quand j'ai eu peur qu'il dise Dieu.

La vie. Oui, la vie. Ça lui allait tout à fait. Et c'était le mot avec lequel il fallait conclure. C'est cela qu'elle avait été : une formidable combattante de et pour la vie. C'est même à ce titre que ce lieu ultime devait lui convenir. *Beth El Haïm*, La maison (le lieu) de la Vie, c'est ainsi que se nomme le cimetière en hébreu. Mais aussi dans le dialecte que nous parlions. Elle s'était battue depuis toujours pour survivre et plus encore faire survivre. Il était bon qu'il lui eût été ainsi donné acte du moteur de son action. Et que fût laissé de côté Dieu, avec lequel elle entretenait au demeurant de bien singuliers rapports.

Pourquoi cette mort a-t-elle eu un tel retentissement ? Mes frères et sœurs étaient effondrés. Et même moi, qui pensais ne pas l'être, je l'étais tout de même tant l'énigme que j'avais à affronter m'écrasait sous son poids. Mais pourquoi tous ces proches et moins proches qui nous visitaient étaient-ils, eux aussi, si tristes et si profondément compatissants ? Elle avait après tout un âge vénérable. Et il n'y avait rien d'étonnant à ce que son heure fût venue. C'est ce qu'on se dit d'habitude pour amortir les effets de ce type d'événement. Mais ces arguments ne semblaient pas opérer. À croire que ce qui était survenu était de l'ordre de l'inadmissible, de l'incroyable. Elle aurait certainement pu amadouer la mort pour en obtenir un sursis et continuer de vivre encore quelque temps ! Elle semblait en avoir été si proche et si familière ! Ne l'avait-elle pas si souvent côtoyée ? N'en avait-elle pas acquis une forme de savoir qui lui en avait fait apprivoiser la crainte ? Et n'est-ce pas pour cela qu'elle jouait à l'évoquer ou à la mettre en scène en toutes sortes de circonstances ? Que s'était-il passé pour qu'elle se soit résignée à la suivre ? Même en affichant, jusqu'au bout, sa détermination à être maîtresse de son destin. L'accusation de meurtre dont elle m'avait fait l'auteur aurait-elle alors été un clin d'œil, une forme d'allusion aux innombrables échanges que nous avions eus, elle et moi, autour de la mort en général et de ses morts en particulier ? Elle les avait recensés, une fois, quand autour de mes vingt ans je m'étais effondré en pleurs sur ses genoux en lui disant que j'avais perdu la foi à la suite de ma première autopsie. Elle les avait alors énumérés en soulignant les circonstances et en répétant que chaque fois elle n'avait pu continuer à vivre qu'avec l'aide de Dieu. Et me voilà, moi, à faillir devant la mort d'une jeune fille que je connaissais à peine. Son discours, pour émouvant qu'il eût été, ne m'a pas fait recouvrer la foi.

Puis il y eut la *chiv'a*, les sept jours de la première phase du deuil hébraïque pendant lesquels nous, ses enfants, devions rester chez elle, assis par terre, ne nous lavant qu'à l'eau, sans nous raser et sans manger de viande, veillant à l'entretien d'une flamme. Nos grands frères décidèrent de rester chez eux. J'ai observé le rituel en compagnie de nos trois sœurs, attendant avec impatience d'aller voir Ginette R. et/ou mon ex-psychanalyste pour tenter d'éclairer les derniers propos de ma mère et en particulier l'oracle qu'elle avait émis, qui continuait de me terroriser et dont je n'avais parlé à personne. Nous avions des visites tous les jours et, le soir venu, il y avait toujours le quorum de dix hommes au moins pour faire les prières et surtout lire le *Kaddich*.

Au sortir de cette période, je me suis empressé d'aller parler avec Ginette R. puis avec Jean C. Ils ne me furent d'aucun secours et je restai avec la boule au ventre.

Cela dura des semaines pendant lesquelles je tentais de surmonter la panique dans laquelle me mettaient les soucis de santé des uns ou des autres. L'une de mes belles-sœurs fit une crise de tétanie impressionnante, l'aînée de mes sœurs se cassa la jambe, la deuxième eut une pneumonie. Mon frère aîné, déjà à moitié aveugle, dut subir en urgence une intervention ophtalmologique qui le rendit borgne.

J'étais au bord de la rupture. Mon secret était trop lourd à porter. Mais à qui le confier ? Mes frères et sœurs étaient exclus. Ils auraient reçu non sans raison l'oracle de ma mère comme une malédiction. Mon épouse ? Elle n'aurait pas manqué de me plaindre, de me soutenir mais elle se serait sentie elle aussi écrasée par des propos qui lui auraient paru aussi énigmatiques et aussi étrangers que la langue de ma mère. J'eus alors l'idée de me confier à mon fils. Laurent venait d'intégrer l'École centrale de Lyon. Je l'ai invité à dîner un soir qu'il était à la maison et, non sans m'excuser par avance auprès de lui, je lui ai confié que mon état était si piteux que j'en étais réduit à lui demander son aide. Je lui ai tout raconté sans omettre le moindre détail. Il m'a écouté sans m'interrompre et avec attention. Puis il m'a dit : « Elle avait raison, Mémé, tu l'as en effet tuée. » Et comme il m'a vu retourné mais très intéressé, il a poursuivi : « Tu l'as tuée quand tu as mis en marche le magnétophone. Il était impossible pour elle, qui a toujours régné par la force de sa parole, d'avoir à vivre la ruine de cette parole. Tu lui as de fait offert la formidable opportunité de partir en ayant raison, en laissant sa dernière parole incontestable. » Alors qu'il m'a paru que sa lecture des événements était fondée, il a poursuivi : « De fait, elle t'a admirablement manipulé. Elle voulait certainement en finir avec la vie. Mais elle était inquiète pour ses enfants. Qu'allaient-ils devenir si elle n'était pas là pour veiller sur eux ? Il lui est alors venu l'idée de te déléguer sa fonction. Tu étais le plus solide, le plus dévoué et le plus présent. Mais pour s'assurer que tu ne rechignerais pas à la tâche, quelque allure qu'elle prît, elle a assorti la mission qu'elle t'a confiée d'un oracle susceptible de te laisser dans l'état d'angoisse qui arme la vigilance. »

Le discours ne négligeait aucun détail, et l'interprétation des faits, rapportée par mon fils à ce milieu familial et à tous ces personnages qu'il connaissait, était d'une rigueur incontestable.

Le Talmud enseigne qu'un père aide son fils à vivre et qu'un fils aide son père à mourir. Mon fils, en l'occurrence, m'a aidé à vivre comme personne sans doute n'aurait pu le faire. Ce n'était pas la première fois. Je lui ai témoigné ma reconnaissance comme j'ai plaisir ici à le refaire.

Selon la formule consolatrice de notre folklore, elle aura abandonné la vie en laissant à chacun de nous un long pan d'existence.

La tension entre mes frères fit de moi son exécuteur testamentaire, et la prise de conscience de son message me fit encore plus corvéable pour ma fratrie que je ne l'étais auparavant. J'ai accepté ma condition et j'ai eu alors pour objectif de protéger mes sœurs indûment maltraitées par notre histoire.

Post-scriptum

Ma mère, si friande d'augures et de prédictions, aura-t-elle rêvé un jour que je lui consacre un livre ?

Elle racontait souvent qu'une diseuse de bonne aventure lui avait prédit qu'un de ses fils acquerrait une *derja*, une marche, implicitement une marche haute, une position importante. Je pense que cette perspective qu'elle a longtemps caressée n'a pas été étrangère au fait qu'elle ait accepté de me laisser aller poursuivre mes études en métropole, alors que les distances étaient gigantesques et que les moyens de communication se résumaient à une lettre hebdomadaire. J'ai pris conscience du courage dont elle avait dû faire preuve lorsque mes enfants ont atteint l'âge que j'avais à l'époque et que, angoissé, je me souciais encore du moindre détail de leur quotidien. Elle m'avait rappelé cette même prédiction quand je fus devenu médecin et une fois encore lorsque je lui eus appris que j'allais publier mon premier livre, ponctuant son propos d'une bénédiction qu'elle me réservait : *kabbar esmek ouizid*, « que grandisse ton nom et plus encore » (traduction mot à mot) ou « que l'éclat de ton nom ne cesse de croître » (traduction plus fidèle à l'esprit).

Elle suivait d'ailleurs de près cette affaire de livre. Et comme elle était curieuse de tout et qu'elle excellait à faire parler ses interlocuteurs, et surtout ses enfants, j'ai été amené un jour à lui faire état d'une tension que je vivais avec mon éditeur. En tant qu'auteur du livre je voulais le signer Aldo Naouri, alors que lui voulait qu'il fût fait mention de mon titre et que je figure sur la couverture en tant que docteur Aldo Naouri. Je n'étais pas prêt à céder, et lui non plus. Elle s'écria « Oui, oui, il a raison ! Il a raison ! Il faut absolument écrire docteur Aldo Naouri et même docteur Aldo Naouri et sa mère Bouba ! »

Aurais-je donc accompli son vœu, fût-ce de manière différée, avec cet ouvrage-ci ?

En apparence, incontestablement.

Sauf, et je tiens à le souligner, que je ne l'aurais certainement jamais fait si je n'y avais été instamment poussé par Jeanne, mon épouse.

C'est elle, en effet, qui m'en suggéra l'idée un matin du printemps 2012, assortissant son propos d'un dithyrambe que je ne l'aurais jamais imaginée pouvoir tenir.

Elle me fit valoir que le parcours de ma mère était digne d'être raconté. Il était stupéfiant et par-dessus tout exemplaire par la force de vie qui s'y déployait. Elle avait été un personnage exceptionnel. Un personnage qui, relevant tous les défis, avait décidé de ne jamais se laisser écraser par l'adversité. Un personnage qui avait mené sa vie et celle des siens d'une main de fer et sans trembler. Un personnage qui n'avait rien cédé sur ses convictions. Un personnage qui avait toujours vécu, où qu'il eût été, dans son lieu et dans sa culture d'origine, grappillant cependant tout ce dont il pouvait faire usage dans son environnement du moment. Un personnage enfin qui, sans jamais s'intégrer, avait néanmoins encouragé sans relâche ses enfants à le faire.

J'écoutais, stupéfait, ce discours qui, tout pertinent, argumenté et chaleureux qu'il était, n'en était pas moins inattendu et surtout paradoxal.

Les relations de ma mère et de mon épouse avaient de quoi être plus tendues que ne le sont en général celles des belles-mères et de leurs brus. Les différences de cultures et de langues y étaient évidemment pour beaucoup. Mais l'asservissement dans lequel me tenait ma mère aurait dû générer chez ma femme sinon une révolte, du moins un solide ressentiment au lieu de ce discours étonnamment admiratif qu'elle me tenait. J'ai été tenté de me dire que ma politique qui consistait à ménager la chèvre et le chou m'avait valu ce résultat, sans prendre en considération que ma mère comme mon épouse étaient assurées de ma loyauté et m'aimaient assez pour ne pas me compliquer la tâche. J'étais en effet à cent pour cent dans le registre soudanais[1] avec ma mère, faute de quoi je risquais de mettre en péril l'équilibre précaire des couples de ma fratrie. Mais j'étais aussi à cent pour cent dans le registre eskimo avec mon épouse parce que c'était la vie que j'avais choisie, celle dans laquelle j'étais moi-même et non celle que j'avais à subir. J'étais surtout conscient au plus haut point que, si ma mère avait fait de moi ce que j'étais

1. Voir note 1, p. 78.

devenu, mon épouse ne cessait pas de me parfaire. Ce qui sans doute expliquait le respect authentique qu'elles avaient l'une pour l'autre malgré leur relation à fleurets mouchetés. Ma mère se laissait cependant parfois aller à relativiser les faits sur lesquels elle avait à redire en usant d'un de ses aphorismes rappelant l'ordre naturel des choses : « Qui partage ma couche, disait-elle, m'est plus précieux que mon père et ma mère. »

J'ai été amené à me dire que les propos de Jeanne devaient lui être venus de la formation en anthropologie que nous avions effectuée ensemble. Elle avait dû comprendre l'impossible mélange du soudanais et de l'eskimo et elle était parvenue à remettre tout ce que nous avions vécu dans son contexte culturel. La discipline l'avait fascinée au point de l'avoir amenée à nouer une solide amitié personnelle avec Françoise Héritier. Elles se sont fréquentées beaucoup pendant une vingtaine d'années. Leur relation était très étroite. Elles s'appelaient régulièrement, elles déjeunaient souvent en tête-à-tête tout comme elles partaient parfois en vacances ensemble. Françoise fut très affectée par le décès de Jeanne et, me disant son chagrin quand je le lui ai annoncé, elle a ajouté : « Elle avait le regard d'une antilope prête à fuir. »

Je me suis également dit que Jeanne avait peut-être voulu aussi me voir brosser le portrait d'une femme énergique, comme elle l'était elle-même, mue, toujours comme elle-même, par l'importance conférée à la vie familiale et par la force de la relation tripale à ses enfants.

Ma fille Elsa, avec qui je parlais de tout cela pour comprendre l'injonction que j'avais reçue, a émis pour sa part une hypothèse de plus : sa mère m'aurait engagé à écrire sur la mienne, faute peut-être de pouvoir elle-même écrire sur la sienne propre. Une manière de rendre en quelque sorte hommage aux mères cabossées de cette génération. Elle a appuyé son dire en évoquant la coïncidence chronologique des épreuves déterminantes dans la vie de ses deux grand-mères comme celles de sa mère et de moi. À la même date exacte où ma famille avait eu à vivre le traumatisme de l'arrachement et de la migration, le père de Jeanne avait été déporté, dans le convoi numéro 1, de Drancy à Auschwitz où il avait été, comme on l'apprendra plus tard, gazé dès son arrivée. Jeanne, son petit frère et leur mère durent quitter Paris et vivre cachés dans une ferme en province jusqu'à la fin de la guerre.

Tout cela est irrécusable mais je n'ai pas pu m'empêcher d'y voir une autre dimension encore.

Quelques semaines avant que Jeanne ne m'engageât à écrire un livre sur ma mère, j'avais été sollicité par un éditeur pour écrire, sous forme d'une longue interview, un livre sur mon parcours. J'avais refusé au motif que je ne voulais pas me prêter à un exercice qui risquait d'être par trop narcissisant. Jeanne désapprouva ma décision en me faisant valoir avec insistance qu'un tel ouvrage serait pourtant très utile dans la mesure où il constituerait le plus cinglant démenti à l'opinion bien-pensante qui se voulait compréhensive et tolérante à l'endroit de la délinquance dont elle faisait la conséquence de la précarité socio-économique. Je reconnaissais dans son argumentation la fibre politique, fine mais accablée, qu'elle a toujours manifestée même quand, adolescente, elle s'était essayée à vendre *L'Humanité Dimanche*. Je maintins cependant mon refus.

Je retrouvais du coup cette dimension politique dans le discours qu'elle tenait autour d'un livre sur ma mère. Elle y aurait vu le moyen d'élever un cri contre le culte de l'enfant dans lequel étaient tombées nos sociétés, contre l'asservissement dans lequel les parents s'étaient mis à son endroit et contre la disparition de l'autorité tranquille et rassurante indispensable à son éducation. Toutes idées que nous partagions et dont elle trouvait là, même si elle pensait que c'était peine perdue, un nouveau moyen de les promouvoir.

Dans la mesure où un tel ouvrage ne me faisait courir aucun risque de dérive nombrilique, je me suis lancé dans sa rédaction.

J'ai rédigé en quelques semaines cinq chapitres sur les neuf qui étaient prévus. J'ai donné à lire chacun d'eux à Jeanne. Elle a toujours été ma première lectrice. Elle m'a énormément aidé dans mon travail d'écriture, parvenant même à me faire écrire en français alors que j'ai longtemps écrit dans un arabe encadré par du latin. Mais, tout au long de ces années-là, elle n'avait jamais émis le moindre jugement sur ma production, se contentant de me signaler les fautes de frappe, les fautes de ponctuation, les lourdeurs, les phrases trop longues, les adverbes inutiles, etc. Or là, chaque fois qu'elle me rendait un chapitre, elle me disait : « Magnifique ! »

Elle est morte brutalement le 19 juillet 2012, douze jours après son hospitalisation et une vingtaine de jours à peine après avoir lu le dernier des cinq chapitres.

Le monde pour moi s'est effondré. Elle était quatre-vingt-dix pour cent de ma personne comme je devais l'être de la sienne, résultat de cinquante-quatre années de vie commune. Elle disparaissait, je n'étais plus que dix pour cent de nous deux, écrasé par une douleur dont je n'aurais jamais pu imaginer l'intensité et surtout envahi par une culpabilité gigantesque. Qu'avais-je fait ou que n'avais-je pas fait qui l'eût conduite à abandonner la vie ? Combien de fois ne m'avait-elle pas dit : « Il faudrait que nous mourions ensemble ! » Et voilà qu'elle partait la première ! Sans avertissement. À moins que la commande qu'elle m'avait faite de ce livre sur ma mère n'en eût été une forme dont je n'ai pas su saisir la nature. Aurait-elle voulu me dire de me souvenir de ma mère qui avait décidé de sa mort et de comprendre qu'elle aussi avait décidé de la sienne ?

Pendant des semaines et des semaines, j'ai lutté tous les matins contre la tentation de m'injecter le contenu de ma seringue d'insuline. Je ne l'ai pas fait pour ne pas abandonner nos enfants qui ont toujours été au centre de notre existence et qui m'ont d'ailleurs beaucoup aidé. Je me suis replié sur moi-même, me plongeant dans mes souvenirs en cherchant désespérément à comprendre comment les événements avaient pu s'agencer pour conduire à cette tragédie. J'ai coupé toutes relations avec mes amis sans comprendre que j'enclenchais un deuil pathologique.

Et puis l'éditeur du printemps m'a relancé.

J'ai pensé que je pouvais peut-être trouver dans son intervention le moyen d'alléger ma culpabilité. En revenant sur mon refus je suivais, comme en un hommage, l'avis de Jeanne. J'ai accepté la méga-interview et le livre est sorti sous le titre de *Prendre la vie à pleines mains*[1]. Bien que la promotion de l'ouvrage m'ait pas mal occupé, je n'ai pas senti ma culpabilité s'alléger et encore moins mon chagrin s'atténuer. J'étais toujours aussi effondré, aussi perdu.

L'idée m'a alors traversé l'esprit qu'il me fallait continuer d'apurer ma dette à l'endroit de Jeanne. Ce livre sur ma mère dont elle avait souhaité la publication et dont j'avais commencé à entreprendre la rédaction, ne me fallait-il pas le finir ?

Sauf que ça m'a été impossible. Impossible. Impossible.

Le premier et long chapitre de l'ouvrage était consacré aux obsèques de ma mère. Mais comment pouvais-je produire et assumer cette narration, cette écriture, après avoir vécu les obsèques de Jeanne ? Comment aurais-je pu le faire après m'être aperçu que, si la mort de ma mère m'avait certes affecté, celle de Jeanne avait été sinon ma propre mort, du moins celle de la part essentielle de moi-même ? Un parent qui meurt, c'est dans l'ordre des choses. On en a du chagrin mais on reste dans le monde, on s'adapte, on continue de vivre. Un conjoint qui meurt, ce n'est tout simplement pas concevable. C'est inadmissible. C'est sidérant. Surtout pour les hommes, ai-je été amené

1. Paris, Odile Jacob, 2013.

à me dire. Car ils n'ont pas à leurs enfants la relation tripale, relativement consolatrice, qu'ont les femmes quand elles ont été mères.

J'ai ignoré les cinq chapitres.

Et j'ai vécu comme je l'ai pu.

Toujours replié sur moi-même.

En veillant à réduire concrètement au minimum l'impact du manque de Jeanne.

Tout, dans la maison, était exactement dans l'état où elle l'avait laissé. Ses vêtements dans les placards, le désordre des objets hétéroclites sur son bureau, ses photos aux murs, les ustensiles dans la cuisine, la disposition du lit, les placards de la salle de bains, etc. J'aurais pu la voir en quelque sorte sortir du salon ou entrer dans mon bureau un yaourt à la main. Sauf que, comme cela ne se faisait pas, j'étais renvoyé à son absence physique et à la douleur corollaire.

J'ai continué de démonter tout cela longuement et pas à pas. Jusqu'à parvenir à repérer un jour que c'était le spectacle de son visage qui me manquait le plus. En quelque circonstance que ce fût, toujours et depuis toujours, toutes les fois que mon regard se posait sur lui je sentais un choc physique dans le creux de l'estomac en même temps que j'étais envahi par une joie authentique. C'était si fort qu'il m'arrivait de le lui dire le matin au petit déjeuner et de l'en remercier. Elle en souriait.

J'ai alors entrepris un travail sur ses photos. Pour finir par découvrir, stupéfait, dans son regard, une expression de tristesse qui était très précisément ce qui, dans le spectacle de son visage, me produisait l'effet que j'ai décrit. Je me suis souvenu de la toute première fois où je l'ai vue. Je m'étais aussitôt dit qu'au grand jamais je n'aurais espéré faire une telle rencontre. Manière de décrire le ressenti lorsque survient ce qu'on appelle le coup de foudre.

J'ai passé beaucoup de temps à vérifier l'existence de cette expression de tristesse sur des photos datant de différentes périodes de notre vie. Et j'ai eu alors, encore plus surpris, à convenir que cette expression était strictement identique à celle du regard qui m'avait tant frappé de Jean C., mon psychanalyste.

Or, du regard de Jean C., j'avais dit sans y réfléchir qu'il avait été en moi depuis toujours.

Que pouvait signifier ce « depuis toujours » ?

Depuis mon enfance ?

Depuis un événement dont j'avais perdu le souvenir ?

D'aussi longtemps que je pouvais me souvenir ?

Depuis le temps où ma conscience du monde m'avait permis d'en grappiller un brin ?

Non. « Depuis toujours », c'était « depuis toujours ».

Autrement dit, depuis que j'avais dû prendre conscience et que j'avais pris conscience d'exister, d'être moi-même. C'est-à-dire depuis le stade du miroir[1] par lequel j'étais forcément passé comme tout humain.

À la date où je suis passé par le stade du miroir, c'était l'*azguir* de mon père, la célébration de l'anniversaire de

1. Le stade du miroir décrit ce stade du développement où, autour du dixième mois, le nourrisson, se voyant dans un miroir ou croisant le regard de sa mère, prend soudain conscience, dans un mouvement de jubilation et d'angoisse, qu'il est lui-même et non pas comme il l'avait cru jusqu'alors un morceau de sa mère.

sa mort. Le regard de ma mère pouvait-il être autrement que triste ?

Le regard de Jeanne n'aura donc jamais cessé de me signifier que j'étais vivant et que j'étais moi. D'où la sensation physique et la joie.

Tout cela m'a ramené au souvenir d'un propos qu'elle m'a tenu quelques semaines à peine avant sa disparition après qu'elle eut appris le décès de son dernier oncle paternel. « Maintenant je peux mourir, m'a-t-elle dit, je n'ai plus personne à la génération au-dessus de moi. » J'ai protesté en lui demandant ce qu'elle faisait de ses enfants et de moi. Elle m'a rétorqué que nous nous en remettrions alors que l'on ne se remet jamais d'une mort qui bouleverse la logique temporelle, celle d'un enfant ou d'un descendant.

Ce jour-là, je n'avais pas fait le lien avec un événement qui m'est revenu depuis.

Pendant l'été 1968, nous avions eu la visite de la grand-mère paternelle de Jeanne, solide femme de quatre-vingts ans, qui arrivait de Moscou moins fatiguée à la descente du train que nous ne l'étions d'avoir traversé Paris. Nous n'avions pas pu l'héberger plus de quarante-huit heures. Nous ne pouvions pas échanger avec elle. Nous ne parlions ni russe, ni yiddish, ni roumain. Elle fut alors hébergée le reste de son séjour chez la veuve, remariée, de feu son fils. Qu'est-ce que tout cela avait produit chez Jeanne ? Je n'en sais rien bien que j'aie eu tenté d'en parler avec elle. Se serait-elle sentie reprise, à voir ensemble sa mère et sa grand-mère paternelle, par la crypte mélancolique dans laquelle l'avait mise la mort de son père ? Je ne pouvais rien en dire sur le moment sauf que, bouleversé par un changement d'attitude mineur mais significatif à mon endroit, j'étais arrivé à la conclusion que, pour une raison mystérieuse dont elle refusait de parler, elle avait cessé de m'aimer, du moins comme elle l'avait fait jusque-là. Je dirais, dans l'après-coup et sans exagérer, que j'ai passé le reste de notre vie à tenter de la reconquérir. Je ne sais pas si j'y suis parvenu mais je ne regrette pas de l'avoir fait.

Cet historique et ces détails ne sont pas inutiles.

Ils m'ont amené tout d'abord à évoquer et à réunir dans le même discours ma mère et mon épouse et à rendre hommage ensuite à ces deux femmes qui ont fait de ma vie ce qu'elle a été.

Ce sont ces mêmes détails eux aussi qui m'ont permis de revenir à la demande que m'avait faite Jeanne d'un livre sur ma mère.

Et je me suis d'autant plus facilement adonné à la tâche que les idéologies montantes et l'environnement sociopolitique m'y ont poussé. Jamais jusque-là, les horribles réseaux sociaux aidant, l'individualisme n'est allé aussi loin : chacun est convaincu d'être le seul auteur de lui-même et d'avoir en l'occurrence le droit d'exprimer ses opinions de quelque ordre fussent-elles.

Ce qui, bien plus que déplorable, est terriblement inquiétant.

Décrire comme je l'ai fait le parcours de ma mère en le tricotant avec mon analyse et avec la sienne qu'elle a faite à son insu se place sous le signe de ce qu'enseigne la psychanalyse, tellement attaquée ces derniers temps par les imbéciles : l'importance de ce qui nous façonne et qui nous détermine avec une telle précision.

Cela ne convaincra évidemment que les déjà convaincus de la chose. C'est de l'ordre de ce que j'ai appelé le côté accablé de la fibre politique de Jeanne, que je partage au demeurant et qui n'est pas sans rejoindre les débats ouverts par Adorno et par Hannah Arendt. La banalité du mal qui a conduit à la Shoah permettrait-elle encore d'investir la poésie et/ou la politique ?

Paris, le 11 février 2021

Remerciements

J'aimerais tout d'abord remercier Odile Jacob de la confiance qu'elle m'a manifestée une fois de plus en n'ayant pas hésité à s'intéresser à cet ouvrage et à mettre à ma disposition la compétence de son équipe à laquelle je sais gré.

J'aimerais dire toute ma reconnaissance à mes enfants Laurent, Agnès et Elsa qui m'aident tant dans la vie et qui m'ont accompagné tout au long de ce travail, en étant mes premiers lecteurs et en me faisant part de leurs commentaires si utiles.

J'aimerais également remercier mon ami Ali Magoudi qui a insisté auprès de moi toutes ces dernières années pour que je reprenne mon projet laissé en plan. Il était naturel que je lui fasse lire mon manuscrit, et je le remercie de ses commentaires.

Table

Cet ouvrage a été composé par Nord Compo
à Villeneuve-d'Ascq

CET OUVRAGE
A ÉTÉ ACHEVÉ D'IMPRIMER
SUR ROTO-PAGE
PAR L'IMPRIMERIE FLOCH À MAYENNE
EN AVRIL 2021

N° d'édition : 7381-5563-X – N° d'impression : 98221
Dépôt légal : mai 2021

Imprimé en France